KB206738

책세상문고 · 우리시대

국민연금, 공공의 적인가 사회연대 임금인가

책세상문고 · 우리시대

국민연금, 공공의 적인가 사회연대 임금인가

오건호

책세상

국민연금, 공공의 적인가 사회연대 임금인가 | 차례

책·을·쓰·게·된·동·기

2001년 민주노총에서 일을 시작하면서부터 나는 국민연금과 인연을 맺었다. 그곳에서 사회복지를 담당했던 덕택에 정부가 추진하는 국민연금 제도의 개정 작업을 지켜볼 수 있었다. 그리고 강제로 가입한 것도 못마땅한데 매달 적지 않은 연금보험료가 월급에서 빠져나간다며 국민연금에 분노하는 조합원들의 이야기도 들었다. 사회복지가 더 확대되어야 한다고 생각하던 나 역시 혼란스러웠다. 국민의 노후를 보장해준다는 국민연금은 취지는 좋으나 현실에서는 그렇지 않은 것 같았다. 그때부터 국민연금과 관련된 자료를 찾아서 읽기 시작했다. 그러고 나서 얻은 결론이 정부의 개정안은 해법이 될 수 없다는 것이었다. 2003년 폭우가 쏟아지는 어느 여름날, 나는 정부의 국민연금 개정안에 대한 공청회가 열리는 전국경제인연합회 건물 앞에서 정부안을 규탄하는 집회의 사회자가 되어 있었다.

2004년에는 안티 국민연금운동이 시작되면서 모두들 국민연금에 대해 관심을 갖기 시작했다. 국민연금을 폐지해야 한다는 의견이 공공연하게 제기되고 국민연금의 혜택을 받지 못하는 사람들이 너무 많다며 기초연금제를 실시해야 한다는 주장도 나왔다. 국민연금에 대한 논의가 점점 깊어질수록 그 해결은 더욱 어려워 보였다. 하지만 그만큼 국민연금을 더 공부하는 계기가 되기도 했다. 특히 그해 시작한 국회 재정경제위원회의 보좌관 경험은 시야를 넓히는 데 큰 도움이 되었다.

당시 외국 역시 연금 문제로 홍역을 치르고 있었다. 그런데 홍역이 번지는 방향이 우리와는 달랐다. 우리는 국민연금을 버리자 하는데 그들은 살려야 한다고 주장했다. 도대체 어찌 된 일인가?

많은 사람들이 국민연금을 '공공의 적'이라며 비판했다. 그럴 수 있겠다고 생각하다가 문득 이것이 없다면 서민들은 노후를 어떻게 보내야 하는가 하는 의문이 들었다. 그나마 일을 할 수 있을 때는 생활할 수 있지만 노동시장에서 받아주지 않는 노후에는 생활이 막막할 수밖에 없다. 자식의 부양을 기대할 수 있는 시대도 아닐뿐더러 서민의 자식은 부모를 부양할 여유조차 없는 세상 아닌가. 노인들의 빈곤이 심각해질 암울한 미래의 모습이 머릿속에서 떠나지 않았다.

곰곰이 이것저것을 뒤적이다 우리 사회에 만연해 있는 사보험에 생각이 닿았다. 신문, 방송, TV홈쇼핑, 거리 곳곳에서 보험 광고가 홍수를 이루고, 보험설계사인 형제, 친구, 일가친척, 옆집 아주머니가 보험 가입을 권하고 있다. 혹 우리는 나의 노후는 오직 나만이 준비해야 한다는, 그리고 내가 낸 만큼은 꼭 받아야 한다는 '사보험' 논리에 너무나 익숙해 있는 것은 아닐까. 지금까지 우리는 국민연금을 적게 내든 많이 내든 노후를 함께 준비하는 사회연대 급여라고 생각한 적이 과연 있는가?

그래서 공적보험의 눈으로 국민연금을 다시 돌아보았다. 국민연금이 여러 심각한 문제를 지니고 있는 것은 사실이다. 하지만 동시에 높은 소득재분배의 효과를 지닌 사회복지의 기둥이기도 하다. 역설적이게도 국민연금에 가장 많이 저항하는 저소득 · 비정규 노동자들이 국민연금을 가장 필요로 하는 사람들이다. 게다가 국민연금만이 문제가 아니다. 이것은 소득 파악의 미비, 빈약한 국가 재정, 불안정한 노동시장, 급속한 고령화, 취약한 사회연대성 등 한국사회가 직면한 구조적 문제의 집결체다. 따라서 국민연금을 버리는 것은 한국사회의 재정 개혁을 단념하는 것이요, 사회구성원들의 연대를 포기하는 것이라는 생각에 이르렀다.

정부 개정안은 답이 아니다. 그렇다고 마냥 비판만 하고 있을 수는 없다. 집안에 환자가 생겨 병원에 입원하면 주변 사람들이나 의사, 보험회사 직원 모두가 그를 걱정한다. 그러나 입원 기간이 길어지면 길어질수록 가장 애가 타는 사람은 바로 환자 당사자와 가족이다. 마냥 국회만 바라보고 있기에는 국민연금 문제가 너무나 심각하다. 이대로 내버려둔다면 고사할지도 모른다. 이제 국민연금의 주인인 가입자가 적극적으로 대안을 들고 나서야 할 때다.

나는 기회가 있을 때마다 노동조합에서 시행하는 국민연금 교육에 참여했다. 교육을 듣던 조합원들은 대체로 국민연금에 분노했다. 연금 때문에 스트레스 받느니 정신 건강을 위해 연금보험료를 세금으로 생각하고 포기한다는 자조적인 이야기도 나왔다. 교육은 두 시간 정도의 강의와 토론으로 진행되었는데, 놀랍게도 나는 교육이 진행되는 내내 많은 사람들이 국민연금에 대한 기본적인 내용조차 사실과 다르게 알고 있다는 것을 느끼게 되었다.

어느 사회복지학자는 '국민연금 불신의 진짜 이유'라는 제목의 신문 기고에서 국민은 국민연금을 '오해'하는 것이 아니라 '이해하는 것을 거부'하고 있다고 했다. 오해가 인식 주체의 잘못된 판단 근거에서 비롯된 것이라면 이해 거부는 그 근거조차 접하지 않으려는 의지가 반영된 것이다. 이는 국민연금에 대한 국민의 반감이 얼마나 심각한 수준인지를 잘 보여준다. 국민연금을 제대로 아는 일이 급선무이다. 사보험의 논리로 무자비하게 재단된 국민연금을 제자리로 옮겨 놓아야 한다. 노동조합 교육에서 만난 조합원들을 통해 나는 오히려 공적연금의 눈으로 국민연금에 접근한다면 새로운 길이 열릴 수 있다는 희망을 갖게 되었다. 이것은 국민연금에 분노하는 이들이 국민연금을 살리는 주체가 될 수 있다는 기대이다.

국민연금 논란에서 나는 사회연대에 대한 우리 사회의 왜곡된 자화상을 본다. 사회구성원들은 사회복지를 요구하면서도 이를 위해서는 개인의 손해가 따를 수 있다는 것은 쉽게 인정하지 않는다. 다른 나라에서는 국민연금을 지키자며 행진을 벌이는데 우리는 국민연금을 버리자며 촛불을 켠다. 이 과정에서 사보험의 시장논리는 위력을 떨치고 공적보험의 자리는 좁아져만 간다. 우리가 그토록 갈구하는 연대와 희망을 우리 스스로 무너뜨리고 있는 셈이다. 이 책은 '국민연금 살리기'를 위한 하나의 제안서다. 국민연금을 제자리에 놓기 위해서 풀어나가야 할 과제가 산적해 있다. 과연 이 험로를 극복할 수 있을는지, 국민연금이 이러한 고생을 감내할 만큼 가치가 있는 것인지에 대한 판단은 독자의 몫이다.

언젠가 국민연금 논란에 대해 정리해보고 싶었는데 마침 책세상이 기회를 주었다. 우리 시대의 척박한 독서 환경을 타개코자 노력하는 책세상과 인연이 닿은 것은 나로서는 더할 나위 없는 행운이다. 기획부터 원고 교정까지 도움을 아끼지 않은 책세상 식구들에게 감사드린다. 요사이 자주 우리 세상이 너무 어처구니없다고 생각한다. 많은 이웃들이 이 암혹한 무한경쟁 시장에서 하루하루 힘겹게 살아가고 있다. 희망이 무척 그립다.

들·어·가·는·말

스웨덴 국민들은 은행에 예금을 하지 않는다는 글을 읽은 적이 있다. 저축이 미덕인 한국사회에서 자라난 나에게는 생소한 이야기였다. 2004년 국회 재정경제위원회 보좌관으로 활동하고 있을 때 마침 스웨덴을 방문할 기회가 있었다. 당시 안내를 맡았던 스웨덴 노동조합 간부에게 이에 대해 물어보니 그는 당연히 저축을 한다면서 이렇게 설명했다. “민간은행에는 저축하지 않는다. 대신 사회적으로 저축을 한다. 바로 공적연금이다. 우리는 매달 연금보험료를 예금한다. 이 돈은 우선 지금의 노인들에게 드리고 우리가 늙었을 때는 후세대에게서 되돌려 받는다.”

사람들은 누구나 자신의 노후 생활을 염려한다. 노동력이 유일한 생계 수단이며 노후를 보장할 만큼의 재산을 가지지 못한 서민에게 노후 생활은 인생의 휴식이 아니라 근심거리로 다가온다. 그래서 정부는 이러한 근심을 없애기 위해 매월 급여에서 일정 액수의 국민연금 보험료를 납부하라고 한다.

그러나 상당수 사람들은 자신이 낸 보험료가 노후에 다시 되돌아오리라고 생각하지 않는다. 일부 가입자들은 ‘잃어버리는’ 돈이라 여긴다. 국민연금이 고갈될지도 모른다는데 괜히 불똥을 맞고 싶지도 않다. 그렇다고 빠져나갈 수 있는 것도 아니다. 생활이 어려운 서민들은 더욱 분통이 터진다. 당장 먹고살기도 힘든 지경이라 예전에 낸 보험료라도 돌려주면

좋으련만 아무리 말해도 소귀에 경 읽기다. 보험료로 조성된 기금은 천문학적으로 쌓여 가는데, 기금을 낸 서민은 빈곤에 시달려야 하다니 이것이야말로 공공의 적이다.

그럼에도 불구하고 2003년 정부는 국민연금의 급여율은 낮추고 보험료율은 대폭 올리는 국민연금 개정안을 제출했다. 이 소식이 전해지자 국민들은 분노했다. 당시 어느 포털사이트에서 국민연금 개정안에 대한 인터넷 투표를 실시한 적 있다. 3만 명 이상이 참여했는데, 대부분의 사람들이 국민연금 제도를 폐지하거나 선택형으로 전환하는 것에 찬성했다. 여론이 이 정도라면 국민연금은 폐지되어야 하는 게 아닐까.

하지만 이 책은 국민들이 지닌 일반적 정서와 다소 어긋난 생각을 담고 있다. 이 책에서 드러내고자 하는 나의 궁극적인 바람은 국민연금에 대한 신뢰를 만드는 것이다. 국민연금에 대한 해법이 어려운 이유는 정책 대안이 없어서가 아니다. 재정이 부족하면 돈을 마련하면 되고, 서민의 노후가 어려우면 여럿이 함께 나누면 된다. 문제는 불신이다. 불신이 있는 한 어떠한 방안도 현실화될 수 없다. 물론 이유가 있는 불신이다. 여기서는 이 이유 있는 불신을 차분히 검토해볼 것이다. 그리고 국민연금을 제대로 살려서 사회연대의 뿌리로 삼을 수 있는 방안을 찾아볼 것이다.

제1장에서는 국민연금이 지녔던 애초의 의미를 소개한다. 국민연금은 수천 년간 인류의 역사를 이어온 가구 단위 노인 부양을 전체 사회구성원이 함께 책임지는 사회적 부양으로 바꾸는 제도다. 따라서 국민연금은 사보험의 시각으로는 결코

이해할 수 없는 사회연대 노후임금이다. 사회임금은 사회복지가 척박한 한국사회에서는 익숙하지 않은 용어다. 여기서는 사회임금인 국민연금이 한국사회에서 어떻게 탄생했고 또 제자리를 벗어나게 되었는지 설명할 것이다.

제2장에서는 국민연금 제도의 기본 골격을 꼼꼼히 살펴본다. 국민연금의 설계도가 매우 복잡하고, 의외로 국민연금 제도가 잘 알려져 있지 않다고 생각하여 주요 항목별로 자세히 다룬다. 통상적으로 독자가 알고 있던 국민연금과 여기서 소개하는 국민연금이 얼마나 다른지 궁금하다.

제3장에서는 국민들이 국민연금을 불신할 수밖에 없게 하는 이유를 정리해본다. 보험료의 형평성, 기금 고갈, 용돈연금, 사각지대, 기금 가져다 쓰기 등 국민연금이 지닌 문제는 심각한 수준이다. 대부분 단기간에 해결되기 어려운 과제들이다. 하지만 국민연금이 처한 문제가 국민연금 자체에서 비롯된 것이 아니라 한국사회의 구조적 문제와 맞물려 발생한 것이라면 국민연금의 죗값은 다소 경감되어야 하지 않을까?

제4장에서는 지금까지 제안된 여러 국민연금 해법을 비교, 평가해본다. 결국 우리에게 주어진 과제는 만신창이가 된 국민연금을 어떻게 할 것인가이다. 재정안정화에서 시작된 국민연금 논란이 제도의 틈새, 사각지대, 특수직역연금, 기금운용체계 등으로 확대되는 과정을 살펴보고, 각 정치 세력의 개정안을 비판적으로 검토할 것이다. 크게 보면 재정안정화를 위해 보험료율과 급여율을 조정하는 선에서 법 개정을 매듭짓자는 정부 여당안과 이번 기회에 기초연금을 도입하여 공적연금

체계를 근본적으로 개편하자는 야당안이 대립하고 있다. 특히 감세를 요구하는 한나라당이 막대한 증세가 수반되는 기초연금을 주장하고 있어 논란이 더욱 복잡한 양상을 띠고 있다.

제5장에서는 국민연금을 개혁할 대안모델을 제시한다. 이 대안은 기금 고갈로 인한 불안 완화, 세대 간의 불공평성 개선, 사각지대 해소, 재원 조달 등을 목표로 하고 있다. 이런 방안이 과연 있을 수 있느냐고 반문할지 모르겠다. 대안모델은 1단계로 현행 국민연금의 단일체계를 기초연금과 국민연금으로 구성되는 이층체계로 개편하고, 2단계로 퇴직연금을 공적연금의 한 층으로 추가하는 방안이다. 대안모델이 적절한가 아닌가에 대한 판단은 독자의 몫이다. 그럼에도 국민연금의 개혁 대안에 목말라하는 이들에게는 하나의 단초를 제공해줄 수 있으리라 기대한다.

맺는말에서는 국민연금 개혁을 완성하기 위해 필요한 추가 과제들을 살펴본다. 저소득 계층의 보험료 지원, 상위 계층의 연금액 상한 등 사회연대적 조치를 더 강화하자는 제안이다. 여기서는 무엇보다 조세개혁이 핵심이다. 조세개혁이 뒤따르지 않는다면 이러한 대안모델은 현실화될 수 없다. 지금까지 국민연금 논란에 쏟아졌던 우리 사회의 에너지가 조세개혁 운동에 모아지기를 간절히 바란다.

일종의 부록 형식으로 보론을 두 편 싣는다. 다소 독립적인 성격을 지니고 있지만 국민연금 논란에서 꼭 다뤄야 할 주제들이다. 〈보론 1〉에서는 안티 국민연금의 '8대 비밀' 주장에 대해 살펴본다. 안티 국민연금은 일반 국민의 정서를 반영하는 현상이다. 그래서 더욱 그 의의를 부정하지는 않지만 한계를 분명히 해둘 필요가 있다. 이 주제에서는 독자들과 공방(攻防)을 벌여야 할지도 모르겠다. 〈보론 2〉에서는 공무원연금 등 특수직역연금 개혁 방안을 다룬다. 공무원연금을 비판하는 사람이 많을 것이다. 이것은 매우 민감한 쟁점이다. 노동계에서 일하고 있는 내게는 더욱 어려운 과제다. 처음에는 정말 해답이 있을까 아득했지만 다행히 풀 수 있다는 확신을 갖게 되었다.

이 책을 다 읽은 독자들이 과연 얼마나 내 생각에 동의할지 궁금하다. 여전히 미진한 점이 많을 것이다. 나 역시 앞으로 점점 늘어날 노후 기간과 우리 자식들이 떠안을 연금부담을 생각하면 벌써부터 마음이 무겁다. 우리가 함께 대비하는 도리밖에 없다. 이 책을 읽는 동안만은 국민연금을 공공의 적에서 사회연대 임금으로 되살려보자는 나의 이야기에 귀 기울여 주기를 바란다.

제 1 장

공적연금

사회적 부양을 위한 사회임금

1. 사람이 살아가는 두 가지 방식, 시장임금과 사회임금

우리는 자본주의 사회에 살고 있다. 자영업으로 생활하는 사람도 있지만 대부분이 회사에 고용된 노동자로 임금을 받는다. 일하는 것이 고달프긴 하지만 이 임금에 나와 가족의 생계가 달려 있다. 만약 일자리가 없어지거나 임금을 받지 못하면 나와 가족은 생활을 해나갈 수 없다. 이와 달리 서구 노동자들은 우리와 똑같은 노동자지만 생활은 대체로 안정적이다. 그들 역시 임금 노동자이기 때문에 자유롭게 쓸 수 있는 가처분소득은 그리 많지 않다. 그럼에도 그들의 생활이 우리보다 안정적인 것은 건실한 사회복지 제도 때문이다.

근래 들어 우리나라에서도 사회복지에 대한 관심이 부쩍 늘었다. 기업에서 받는 임금과는 별도로 주어지는 다양한 형태의 사회적 급여가 일상생활에 점차 영향을 미치고 있다. 대표적인 사례로 육아휴직 수당이 2007년부터는 현행 월 40만 원에서 월 50만 원으로 인상된다고 한다. 이것은 임금과는 별개로 노동자가 사회로부터 받는 급여다. 과거에는 노동자가 육아휴직을 사용할 경우 자신의 임금에서 육아비를 지출해야 했다. 그러므로 월 50만 원의 육아휴직 수당을 받는다는 것은 해당 노동자나 남편의 임금이 월 50만 원 인상된 것과 동일한 효과를 지닌다. 고용주와 힘겹게 교섭을 하지 않고도 임금이 오른 셈이다.

이러한 사회임금 중에 최고봉은 아동수당이다. 이는 미취학 아동을 양육하는 부모에게 지급하는 육아비로, 자녀 양육에 드는 비용을 사회가 공동으로 책임진다는 취지에서 도입되었다. 스웨덴, 프랑스, 영국 등 유럽의 노동자는 정부로부터 임금의 6~7%에 해당하는 금액을 아동수당으로 받는다. 또한 사회임금은 소득뿐만 아니라 가계지출 과정에도 큰 영향을 준다. 집 없는 서민의 경우 매월 수십만 원의 월세를 내야 한다. 그런데 만약 저렴한 공공 임대주택이 공급되어 월세가 현행 50만 원에서 20만 원으로 줄어든다면 해당 가구는 월 30만 원을 절약할 수 있다. 이것은 일을 해서 30만 원을 더 번 것과 같은 효과를 지닌다.

나라마다 노동자가 살아가는 방식이 다르다. 우리나라처럼 시장임금에 전적으로 의지하는 나라도 있고, 대부분의 유럽처럼 가능한 한 사회임금을 확대해온 나라도 있다. 시장임금과 별개로 국가를 통해 얻는 사회임금은 노동자에게 특별한 의미를 지닌다. 기업과의 교섭을 통해 받는 임금 인상분은 해당 기업의 노동자에게만 적용되지만, 육아휴직 수당이나 아동수당 등의 사회임금은 정규직이든 비정규직이든, 대기업이든 영세기업이든 모두에게 동일하게 주어지기 때문이다.

자본주의 사회에서는 크게 두 가지 경로로 노동력이 재생산된다. 하나는 노동자가 자신의 노동력을 제공한 대가로 받는 소득이고, 다른 하나는 사회복지를 통해서 얻는 혜택이다. 이러한 노동력 재생산의 재원을 모두 '임금'이라고 한다면, 전자는 노동자가 고용주로부터 직접 얻는 시장임금market wage

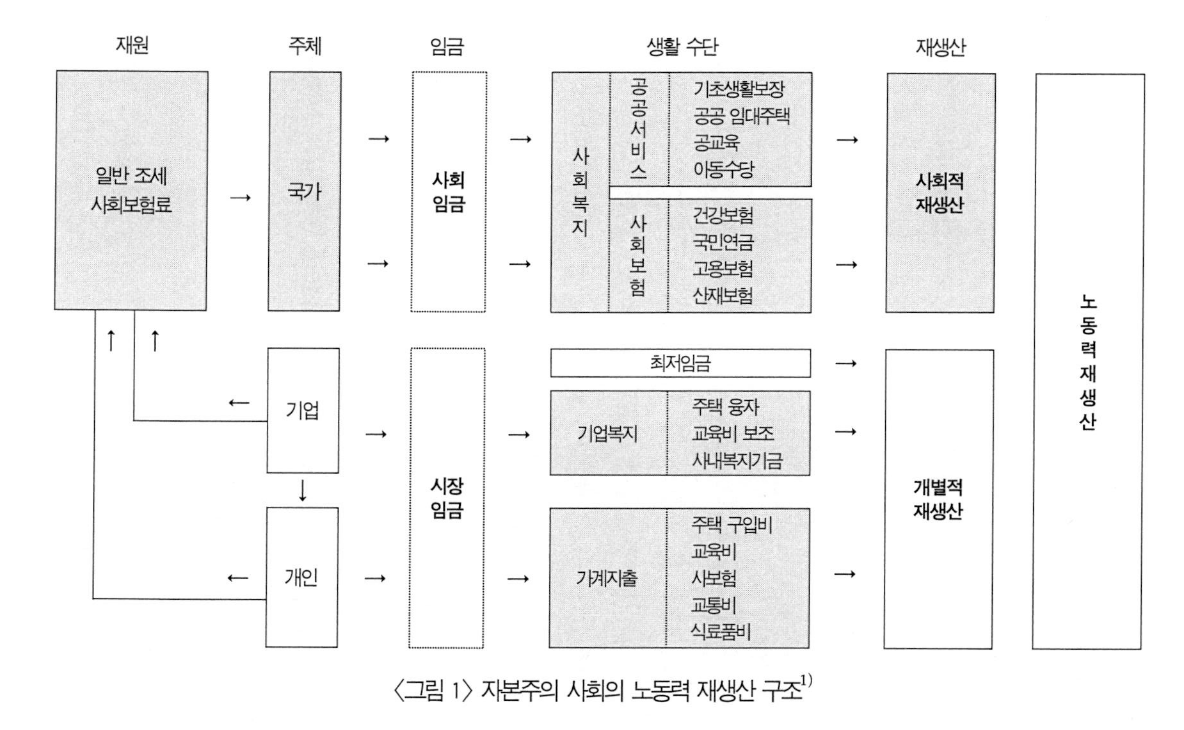

〈그림 1〉 자본주의 사회의 노동력 재생산 구조[1)]

이며, 후자는 국가나 공공부문을 통하여 얻는 사회임금 social wage이다. 전자가 노동자 스스로 생활을 책임져야 한다는 의미에서 개별적 재생산이라면, 후자는 사회가 노동자의 가계를 지원한다는 점에서 사회적 재생산이라 한다.

〈그림 1〉은 개별적 재생산과 사회적 재생산으로 이루어지는 노동자 가구의 생활과정을 정리한 것이다. 일반적으로 노동자는 시장임금으로 집을 사고 아이들을 교육시키며 사보험에 가입한다. 이에 비해 사회임금으로 이루어지는 노동력 재생산 과정은 다소 복잡하다. 우선 국민이 세금이나 보험료를 국가에 납부하면 국가는 이 재원으로 다양한 사회복지 서비스를 제공한다. 이 과정에서 누가 재원을 담당할 것인지, 누구에게 사회복지 혜택을 줄 것인지 등을 둘러싸고 논란이 생긴다. 시장임금은 개별 노동자의 능력과 교섭력에 따라 달라지지만, 사회임금은 이를 지지하는 정치적 세력의 크기에 따라 좌우된다. 그만큼 사회임금은 정치적 성격을 지닌다.

사회임금이 시장임금과 구별되는 중요한 차이점은 교환원리에 있다. 시장임금으로 물건을 구입할 때 적용되는 원리는 '등가교환'이다. 사보험을 예로 들어보자. 사보험은 가입자가 보험료를 납부하여 미래의 위험을 대비하는 '상품'으로, 시장원리에 따라 가입자의 기여분에 비례하여 보험금을 되돌려준다. 예를 들어 암보험의 경우 보험료가 높은 상품에 가입하면 다양한 종류의 암 치료에 보험금을 지급받을 수 있고, 보험료가 낮은 상품에 가입하면 몇몇 질환에 대해서만 보험금을 받게 된다. 사보험의 경우 기여분과 급여액이 등가교환한다고 볼 수 있다. 물론 가입자가 지급받는 급여는 사보험 회사의 관리 운영비와 이윤을 공제한 금액이다.

그렇다면 공적인 사회보험을 보자. 이는 국민이 의무적으로 가입하는 강제보험이며 보험료와 급여 혜택이 연계되지 않는 제도이다. 건강보험의 경우 보험료는 소득 수준에 따라 정해진다. 그러나 보험료를 많이 납부했다고 해서 건강보험공단이 더 많은 급여를 지급하는 것은 아니다. 만 원을 냈든 10만 원을 냈든 가입자에게 제공되는 급여는 동일하다. 낸 것과 받는 것이 비례하지 않는다.

사회임금은 기여분과 급여가 비례하지 않는 '부등가교환'에 뿌리를 둔다. 언뜻 보기에 낸 만큼 받는 등가교환이 공평한 것 같지만, 이는 불평등한 사회경제적 지위를 전제로 하기 때문에 기존의 불평등을 재생산한다. 반면에 사회임금이 기초하는 부등가교환은 서민의 필수적 삶을 보장하면서 시장이 낳은 부익부 빈익빈을 줄인다는 점에서 평등지향적이다. 이런 면에서 사회임금이 지닌 부등가교환은 지본주의 시장이 초래하는 계층화를 완화한다.

사람이 살아가는 데 있어서는 시장임금과 사회임금 둘 다 필요하다. 하지만 이 두 가지가 어떻게 구성되느냐에 따라 사회의 모습이 달라진다. 대표적인 선진국이라 일컬어지는 스웨덴과 미국을 비교해보자. 〈그림 2〉에 나타난 국내총생산(GDP) 대비 중 사회복지비 지출 비율을 보면 스웨덴이 35.5%, 미국이 28.3%이다. 이 수치를 보면 스웨덴이 미국보다 '조금 더' 복지국가라는 사실을 알 수 있다.[2)]

〈그림 2〉 사회복지비 지출 재원 구성 비교(1990년, 단위 : %)

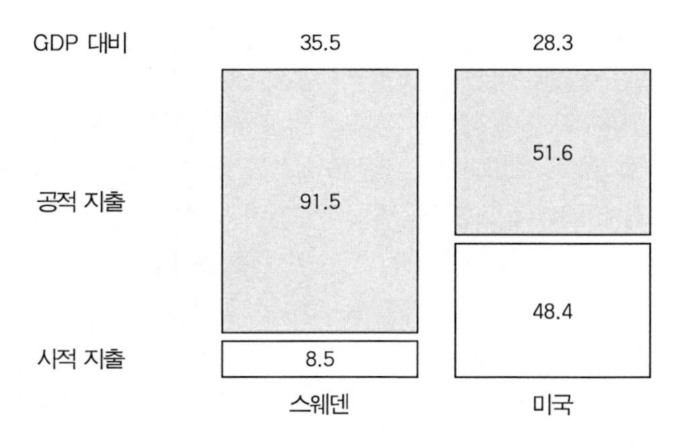

여기서 사회복지비 지출 재원을 보면 중대한 차이를 발견할 수 있다. 스웨덴은 사회복지비 지출금의 91.5%를 공적인 통로로 마련한다. 즉 개인이나 기업이 납부하는 보험료나 조세를 통해 사회복지비가 조성되는 것이다. 반면 미국은 사회복지비 지출금 중 공적 비용이 51.6%에 불과하다. 이것은 절반 이상의 사회복지비 지출이 사적으로 이루어지고 있다는 것을 말한다. 스웨덴에서는 교육, 의료, 연금, 탁아 등이 공적으로 제공되는 반면 미국에서는 사교육, 사적의료, 사적연금이 전체 복지의 절반을 차지하고 있다. 그러므로 스웨덴이 사회적 복지체제라면 미국은 시장적 복지체제이다. 미국에서 필수적인 사회서비스를 누리려면 이를 구입할 수 있는 능력이 있어야 한다. 따라서 미국 사람들은 스웨덴 국민들에 비해 시장임금 격차에 따라 불평등하게 살아가는 것이다.

2. 노후, 이제는 사회적 부양으로

사람은 누구나 늙는다. 그리고 늙으면 노동 능력을 상실한 비경제활동 시기를 지내야 한다. 그래서 사람들은 젊었을 때 재산을 모아 노후를 준비한다. 인류의 역사에서 노후 생계의 기본틀은 가족 부양이었다. 자신이 모은 재산을 자식에게 상속하고 자식에게서 부양을 받으며 노후를 보냈다. 앞 장의 구분 방식에 따라 말하자면 시장임금으로 노후를 보내는 셈이다.

그렇다면 가족 부양 이외에 노후를 살아가는 다른 방법은 없는 것일까? 사회구성원 전체가 노후 생활비를 모아서 다시 구성원들에게 골고루 지급한다면 좀 더 안정적이고 공평하지 않을까? 공적연금은 이런 생각에서 비롯되었다. 공적연금의 도입은 노후 보장의 기본체계를 가족에서 사회로 전환시켰다는 의미에서 인류 역사상 획기적인 사건이라 할 수 있다.

이러한 변화를 추동한 요인은 산업화와 노동운동의 노력이다. 산업화가 진전됨에 따라 농업을 기초로 한 전통적인 가족 공동체가 해체되고 이와 더불어 가족 단위로 이루어지던 노인 부양 기능이 약화되었다. 과거 농촌에서는 노인이 일손을 도왔고 노후 생활비 역시 의료비를 제외하고는 그다지 부담이 되지 않았다. 하지만 산업화로 인해 가족구성원이 대부분 도시로 이주하고 핵가족화되자 임금소득만으로는 부모, 자기 자신, 자식 세 세대를 모두 부양하기가 어려워졌다. 그리하여 중하위 계층 노동자들은 뚜렷한 준비 없이 노후를 맞고, 자식 역시 빠듯한 직장 생활과 손자녀 교육으로 벅찬 하루를 보내야 하는 처지가 되었다.

이런 상황을 개선하기 위해 사회적으로 노후 생계를 지원하는 제도가 선보이기 시작했다. 초기에는 노후 지원이 사회적 취약 계층만을 지원하는 공적부조의 성격에 머물렀지만 노동운동이 성장하면서 모든 노동자를 포괄하는 보편적 제도로 발전했다. 노동운동은 공적연금을 통해 노후의 생계 위험을 사회적으로 분산하고 이것을 통해 계층 간 소득재분배를 이루려 했다.[3)]

한편 의학의 발전으로 사람의 수명이 늘어나면서 공적연금의 중요성은 더욱 커졌다. 1930년대를 전후하여 서구 주요 국가들은 65세 인구의 비율이 7%를 넘는 고령화 사회가 되었고 현재 대부분의 나라가 노인 비율이 14%를 넘는 고령 사회에 도달해 있다. 우리나라는 서구에 비해 고령화의 속도가 늦은 편이었다. 1971년의 인구조사에 따르면 한국 사람의 평균수명은 62세에 지나지 않았다. 그러나 의학이 발달하고 생활 여건이 개선됨에 따라 한국인의 평균수명은 1981년에 66세, 1991년에 72세로 급속히 높아졌다.[4)] 이렇게 빠른 속도로 고령화가 진행되면서 우리 역시 공적연금의 필요성을 느끼게 되었다. 마침내 급속한 산업화를 추진하던 정부는 복지사회를 향한 자신의 공적 역할을 자임하며 국민연금 도입에 나서게 된다.

3. 제자리를 찾지 못한 국민연금

우리나라에 국민연금이 도입된 경로는 서구와 사뭇 다르다. 오랜 권위주의 체제하에서 노동운동이 정상적으로 발전하지 못했던 한국적 특징이 국민연금에도 배어 있다. 우리의 국민연금은 권위주의 정부에 의해 위로부터 도입되었고, 그 도입 속도는 사회 인프라가 따라가기에 벅찰 정도로 빨랐다. 우리나라 공적연금의 출발 시점은 1960년이다. 당시 국가가 고용한 공무원을 대상으로 공무원연금이 시작되었다. 이후 1963년에 공무원연금에 속해 있던 군인연금이 따로 독립해 나갔고, 이어 1975년 사립학교 교원들의 요구에 의해 공무원연금을 본떠 사학연금이 만들어졌다. 특히 공무원연금과 군인연금은 당시 권력이 핵심 국가인력을 공고히 하기 위해 마련한 보상 제도의 성격을 띠었다. 이 세 연금은 하나의 연금 제도로 이해해도 좋을 만큼 보험료와 급여 구조가 유사해 국민연금과 대비하여 특수직역연금이라고 불린다.

국민연금은 원래 1975년에 시행될 예정이었다. 당시 정부는 국민연금을 통해 공적노후보장 제도를 구축한다는 정치적 명분과 함께 경제개발 재원까지 마련하려 했다. 그리하여 1973년 국민복지연금법이 제정되어 한국사회 복지체제에 새로운 장이 열리는 듯했다. 그러나 갑작스럽게 밀어닥친 유류파동 때문에 도입은 무기 연기되었다.

우리나라에 국민연금이 실제로 도입된 것은 1988년이다. 〈표 1〉에서 보듯이, 국민연금은 10인 이상 상시 근로자 사업

〈표 1〉 우리나라 공적연금 도입의 역사

연도	내용
1960	공무원연금 시작
1963	공무원연금에서 군인연금 독립
1973	국민복지연금법 제정(시행 연기)
1975	사학연금 도입
1986	국민연금법 제정(구법 폐지)
1988	국민연금 실시(상시 근로자 10인 이상 사업장)
1992	국민연금 적용 대상 사업장 확대 (상시 근로자 5인 이상 사업장)
1995	국민연금 농어촌 지역 적용
1999	국민연금 도시 지역 적용(전 국민 연금시대 선언)
2003	5인 미만 노동자 일부, 사업장 가입자로 단계별 전환
2006	5인 미만 노동자 전체, 사업장 가입자로 전환

장에 우선 적용된 후 1992년에 5인 이상 사업장으로 확대되었고 2003년부터는 5인 미만 사업장에도 단계별로 적용되고 있다. 사업장 가입자에 비해 소득 파악이 어려운 지역 가입자(자영자)의 경우에는 1995년 농어촌 지역에 도입된 후 1999년 도시 지역으로 확대되었다. 당시 정부는 도시 지역 가입 확대를 '전 국민 연금시대'의 징표로 삼으며 대대적인 홍보작업을 벌이기도 했다.

연금 선진국인 외국과 비교해볼 때 우리나라의 국민연금 도입은 짧은 기간에 진행되었다. 서구에서는 공적연금이 전 국민을 포괄하고 연금액이 임금 대비 60%에 이르는 급여율을 지닌 보편적 노후 제도로 자리 잡는 데 약 반세기가 소요되었다. 보편 제도로 가장 일찍 자리를 잡은 연금을 꼽으라면 스웨덴의 공적연금을 들 수 있다. 복지국가의 모델인 스웨덴은 1883년에 의료보험을 도입한 직후인 1884년, 연금 제도의 도입을 논의했으나 농촌 공동체에 기반을 둔 농민 계층의 반대에 부딪쳤다. 이후 스웨덴 정부는 1907년 연금개혁위원회를 설치하여 제도 도입을 다시 추진했고 마침내 1913년, 세계 최초로 국민 전체를 대상으로 67세 이상의 노인에게 연금을 지급하는 공적연금 제도를 도입했다. 하지만 당시 연금의 급여율이 매우 낮아 임금소득의 5% 이내에 불과했다. 스웨덴 연금은 44년이 더 경과한 1957년에야 급여율이 60%에 이르러 명실상부한 공적연금으로 자리 잡았다.[5)]

네덜란드 역시 스웨덴과 유사한 경로를 거쳤다. 1919년 65세 이상의 노인에게 연금을 지급하는 노령법 제정으로 공적연금 제도가 시행되었으나 적용 대상이 제한적이고 급여 수준 역시 낮았다. 네덜란드의 공적연금은 스웨덴과 마찬가지로 1957년 일반노령연금법에 의해서 급여율이 비로소 62%에 도달했다. 영국도 19세기 후반부터 노령연금 제도의 도입에 대해 논란을 벌이다 1909년에 연금법을 제정했다. 하지만 영국의 공적연금 역시 현대적 의미의 보편적인 노후보장 제도로 자리 잡은 것은 2차대전 직후 영국의 경제학자 베버리지 William Henry Beveridge가 제안한 베버리지 구상[6)]이 구현된 1946년이다.

후발 자본주의 국가인 일본의 경우 연금 제도의 도입 시기는

늦었으나 그 속도는 빠른 편이었다. 일본 정부는 1942년 노동자 연금보험법을 제정하여 일반 노동자를 대상으로 하는 공적연금(후생연금)을 도입했다. 이는 2차대전이 막바지에 이른 전시 총동원 체제에서 노동자들을 독려하기 위한 유인책으로 설계되었다. 이 연금은 5인 이상 사업장 노동자만을 대상으로 한 직역연금으로서 소기업 노동자, 자영자, 농민 등은 포괄하지 못했다. 이후 일본 정부는 1961년 후생연금에 가입하지 못하는 20세 이상 60세 미만의 국민을 대상으로 한 국민연금 제도를 만들어 형식적으로 전 국민 연금시대를 열었다. 하지만 명실상부한 연금 제도가 정착된 것은 급여율 60%가 달성되어 일본에서 '복지원년'으로 불리는 1973년이다. 후발 자본주의 선진국인 일본 역시 연금 제도가 정착될 때까지 약 31년이 걸린 셈이다.[7)]

서구의 국가들이 시간을 두고 완만하게 공적연금 제도를 정비해간 것에 비해 우리의 국민연금은 1988년 도입 이후 11년 만에 보편적 제도로 격상하는 유례없는 속도를 보였다. 2006년 1월 유시민 보건복지부 장관 후보의 '국민연금 미납' 문제를 통해 이 사태에 대해 좀 더 살펴보자. 이 사례는 우리나라 국민연금 도입 과정에서 드러나는 역사적 특징을 잘 보여준다. 당시 노무현 대통령은 김근태 장관을 이을 보건복지부 장관 후보로 유시민 의원을 내정했다. 참여정부가 들어서고 3년째 국회에 발이 묶여 있는 국민연금법 개정 문제를 처리하라는 사명이 부여된 인사였다. 장관 임명에 앞서 국회 인사청문회에서 유시민 후보는 과거에 국민연금 보험료 납부를 회피했다는 직격탄을 맞았다. 유시민 후보가 1999년 7월 한국학술진흥재단에서 나와 프리랜서로 활동하는 기간에 신문 칼럼의 기고료, 발간 책자의 인세, 대학 강의료 등 소득이 있었음에도 지역 국민연금에 보험료를 내지 않았다는 것이다. 이 문제는 국민연금 개혁을 부르짖는 유시민 의원에게 도덕적 타격을 주었고, 결국 유시민 후보는 잘못을 사과하고 미납한 보험료를 모두 납부했다.

국민연금법에 따르면 일정한 직업을 갖고 근무하다 퇴직한 사람은 의무적으로 지역 국민연금에 가입해야 한다. 유시민 후보는 당시 퇴직 후에도 연 1,900만 원의 소득이 있었으므로 퇴직한 후 한 달 내에 국민연금관리공단에 가입 신고를 하고 소득에 맞는 보험료를 내야 했다. 명백히 유시민 후보의 잘못이다. 이것이 현행 국민연금법에 따른 논리이다.

그런데 현실은 어떤가? 1999년은 국민연금이 도시 지역으로 확대된 첫 해이다. 당시 국민연금은 국민으로부터 신뢰를 받지 못했다. 처음 국민연금에 가입하게 된 도시 지역 국민들은 정부의 홍보에도 불구하고 보험료를 또 하나의 세금으로 인식해 못마땅한 반응을 보였다. 더구나 사업장 가입자로 속해 있다가 퇴직한 사람들이 지역 가입자로 국민연금관리공단에 자진 신고하는 경우는 매우 드물었다. 당시 유시민 후보처럼 사업장 국민연금에서 탈퇴한 후 지역 국민연금으로 가입해야 하는 사람들 중 자진 신고한 사람은 4%에 불과했다. 명확한 주소를 가지고 자영업을 하는 사람들만이 불가피하게 가입 신고를 했고, 나머지는 이러한 신고의 의무 자체를 알지 못했으며 알더라도 고의로 이를 무시했다. 유시민 후보 역시 그 중 한 사람이었을 것이다. 이에 대해 국민연금관리공단의 업무 해태를 탓할 수도 있겠지만 당시 공단의 행정력으로는 미신고자를 점검할 수 없는 상황이었다.

이처럼 우리나라 국민연금은 도입 과정에서부터 국민연금에 대한 국민의 불신과 반감을 샀고, 곳곳에 제도의 허점을 안고 있었다. 서민들의 환영을 받아야 할 사회임금이 오히려 서민의 호주머니를 갈취하는 수단으로 인식되었고, 취약한 소득인프라로 인해 제도의 틈새는 방치되었다. 이렇게 국민연금을 미운 오리 새끼 대하듯 하는 분위기 속에서 사회복지의 최고봉이라는 국민연금은 빠른 속도로 확대되었고 이와 더불어 이에 저항하는 사람들 역시 늘어갔다.

제 2 장

국민연금 제도 들여다보기

2005년 말, 연봉 정보회사 페이오픈이 선정한 연봉 관련 10대 뉴스에서 직장인들이 1위로 꼽은 뉴스는 '직장인, 국민연금 공제 제일 아까워'였다. 이는 모든 직장인이 관심을 가질 만한 '삼성전자 평균연봉 7,130만 원'이라는 뉴스를 제친 순위이다. 국민연금 보험료가 임금에서 4.5%나 공제되니 아까울 만하다. 하지만 2004년 우리나라 가구당 연 평균 400만 원씩을 자발적으로 생명보험회사에 보험료로 납부하는 현실을 보면 단순히 금액의 문제만은 아닌 것 같다. 그 이면에는 국민연금에 가입하더라도 자신이 낸 보험료를 되돌려받지 못할 것이라는 불신이 깔려 있다.

국민연금은 어느새 우리의 '공공의 적'이 되었다. 2004년 '국민연금 8대 비밀'[8)]이 인터넷을 통해 유포되면서 안티 국민연금 조직이 발족하더니 급기야 촛불집회로까지 이어졌다. 그 후 2년이 흘렀지만 국민연금에 대한 불신은 깊어만 가고 있다. 《중앙일보》가 2006년 초 전국 성인남녀 1,067명을 대상으로 설문 조사한 결과에 따르면, 국민연금 제도에서 탈퇴할 수 있다면 탈퇴하겠다는 가입자가 69%나 되었다. 3년 전 같은 항목으로 조사했을 때 62.8%보다 높은 수치다. 도대체 국민연금이 어떠하기에 이토록 국민의 원성을 받는 것인가? 탈퇴할 때 탈퇴하더라도 한 번쯤은 국민연금 제도를 꼼꼼히 살펴보자.

1. 보험 제도, 국민연금의 뿌리

보험은 여러 가입자에게서 보험료를 거두어 미리 정한 규정에 따라 급여를 지급하는 제도다. 따라서 보험료를 거두고 급여를 지급하는 방법에 따라 다양한 보험 제도가 만들어질 수 있다. 그러면 국민연금은 어떤 종류의 보험에 속하는지 알아보자.

첫째, 국민연금은 수정적립방식 연금 제도다. 일반적으로 보험 제도는 재정 운영 방식에 따라 적립방식과 부과방식으로 나뉜다. 적립방식은 가입자가 나중에 연금을 받기 위해 보험료를 미리 쌓아두는 제도로, 민간생명보험이 가장 대표적인 사례이다. 생명보험은 가입자에게서 보험료를 거두어 책임준비금으로 적립해 놓았다가 나중에 가입자에게 연금을 지급한다. 이렇게 미래에 지급할 금액을 미리 '적립'해 놓는다고 해서 적립방식이라고 부른다. 이에 반해 부과방식은 가입자에게서 거둔 보험료를 적립하지 않고 바로 사용해버린다. 그해 필요한 지출액만큼 가입자에게 보험료를 '부과'한다고 해서 부과방식이라 한다. 우리나라 보험 중에서는 국민건강보험공단이 관리하는 건강보험이 대표적이다.

그렇다면 공적연금에서 적립금을 준비하지 않는 부과방식이 가능한가? 가능하다. 현재 서구의 공적연금은 대부분 부과방식이다. 서구의 경우 모아둔 적립금 없이 올해 필요한 연금지출액을 현세대 가입자에게 보험료로 부과하고 이를 모아 노인에게 연금으로 지급한다. 현세대가 나중에 받을 연금은 후세대가 다시 보험료로 부담하게 된다. 이때 같은 부과방식일지라도 건강보험과 공적연금은 중요한 차이를 지닌다. 건강보험에서는 보험료 기여자와 급여 수급자가 동일하다. 하지만 공적연금에서는 기여자와 수급자가 서로 다르다. 즉 부과방식 공적연금은 후세대가 현세대의 연금을 지급해줄 것이라는 세대 간의 확고한 신뢰가 있어야만 운영될 수 있는 제도다. 서구에서는 공적연금이 100년 이상 유지되어 왔으며 부과방식을 채택하고 있음에도 불구하고 국민이 선호하는 제도로 자리잡아 있다. 이런 점에서 볼 때 서구의 공적연금은 대단한 이력을 가진 제도다.

우리나라의 국민연금은 부과방식이 아니다. 국민연금은 현재 가입자가 보험료를 납부하여 기금으로 쌓아두었다가 나중에 연금으로 받는 제도이므로 적립방식이라 할 수 있다. 하지만 국민연금은 사보험처럼 미래에 받을 연금을 현세대 가입자가 모두 준비하는 것이 아니라 그중 일부는 후세대 보험료에서 충당한다. 가입자가 자신의 보험료를 모두 책임지는 것을 완전적립방식이라 하고, 국민연금처럼 가입자가 일부만 적립하는 것을 수정적립방식이라 한다. 따라서 수정적립방식은 적립방식과 부과방식의 중간 형태인 셈이다. 두 방식 중에서 적립방식이 주축을 이루면 수정적립방식, 부과방식이 주축을 이루면 수정부과방식으로 볼 수 있다.

따라서 수정적립방식에서 항상 제기되는 문제는 후세대의 부담이다. 만일 국민연금이 현세대에 지나치게 유리하도록 설계되어 있다면 후세대의 보험료 부담이 커질 것이다. 이는 이 책의 뒤에서 좀 더 자세히 다루기로 하고, 여기서는 국민연금이 수정적립방식이라는 독특한 재정구조를 지니고 있다는 점을 기억하자.

둘째, 국민연금은 확정급여형 연금 제도다. 보통 연금 제도는 보험료율과 급여율의 조합 방식에 따라 확정급여형과 확정기여형으로 나뉜다. 확정급여형은 가입자가 납부한 보험료와 무관하게 이후에 받을 연금의 액수가 '확정'되어 있다. 우리나라의 국민연금이 이에 해당되며 대부분의 사보험 상품도 일정액을 납부하면 미래에 받을 연금액이 확정되는 확정급여형이다. 사보험처럼 정해진 보험료를 가입자가 전액 납부하면 완전적립방식 확정급여형, 국민연금처럼 후세대에게 재정을 일부 의탁하면 수정적립방식 확정급여형 연금 제도가 된다. 확정급여형은 가입자가 연금액을 미리 알 수 있다는 것이 장점이지만 보험료가 연금액에 미치지 못할 경우 연금 재정이 불안정해질 수 있다.

반면에 확정기여형은 가입자가 납부해야 하는 보험료만 '확정'되어 있고 미래에 받을 연금액은 기금운용 수익에 따라 변화한다. 가입자의 미래 연금액이 유동적이어서 노후 예측이 어렵다는 단점이 있지만 기금 수익이 예상보다 양호할 경우 확정급여형보다 높은 연금을 받을 수 있다. 물론 반대의 경우도 감수해야 한다. 최근 사보험에서 인기를 끌고 있는 변액보험이 확정기여형에 해당된다.

2005년 12월부터 도입된 퇴직연금 제도를 둘러싸고 노사가 확정급여형과 확정기여형 논란을 벌이고 있다. 노동자가 퇴직연금 도입에 동의할 경우, 노사는 확정급여형과 확정기여형 중 하나를 선택할 수 있다. 확정급여형에서는 노동자가 받을 연금액이 정해져 있으므로 적립금의 수익이 예상에 미치지 못할 경우 고용주가 그 부족금을 메워야 한다. 반대로 확정기여형에서는 줄어든 예상수익만큼 노동자가 받을 연금액이 줄어들 것이다. 이렇게 기금 수익의 위험부담을 떠안는 주체가 다르기 때문에 노동자는 확정급여형을, 고용주는 확정기여형을 선호한다.

일반적으로 확정급여형이 연금 관리자에게 불리하다고 생각할 수 있지만 반드시 그렇지만은 않다. 연금 제도를 설계할 때 가입자가 낸 보험료가 지니는 미래가치 총액보다 지급하는 연금액을 낮게 '확정' 한다면 오히려 연금 관리자는 안전하게 이익을 얻을 수 있다. 우리나라 사보험이 확정급여형 상품을 팔면서도 높은 수익을 올릴 수 있는 것이 바로 '상품 설계도' 덕택이다. 우리나라 사보험회사들이 높은 수익을 올리고 있다면 가입자는 자신이 받을 연금의 일부가 사보험회사의 초과 이윤으로 이전되지는 않았는지 한 번쯤 눈여겨보아야 한다. 사보험에 대한 국민의 신뢰가 높아서인지 우리나라에서는 사보험회사의 상품 설계도가 제대로 공개되지 않고 있다. 그런데 이보다 더 심각한 일은 대다수 국민이 국민연금과 사보험 중 사보험이 가입자에게 유리하다고 생각한다는 점이다. 이 글을 읽는 독자 중에도 이렇게 생각하는 사람이 있을 것이다. 이것의 사실 여부는 나중에 자세히 살펴보기로 하고, 여기서는 국민연금이 확정급여형 연금 제도라는 점을 기억해두자.[9)]

2. 보험료 얼마씩 어떻게 내나

현재 국민연금 가입자는 자기 소득의 9%를 보험료로 낸다. 〈표 2〉에서 보듯이 국민연금이 처음 도입된 1988년에는 국민연금 제도가 낯선 가입자의 정서를 고려하여 보험료율을 3%로 낮게 시작해 단계별로 인상되도록 설계했다. 이에 따라 사업장 가입자 보험료율은 5년 주기로 3%P씩 인상되어 1998년에 9%가 되었고, 지역 국민연금도 처음 3%에서 출발해 2000년부터 매년 1%P씩 인상되어 2005년 9%에 도달했다.

국민연금 가입자가 받는 연금액은 40년 만기로 가입할 경우 자신의 평생 소득의 60%에 해당한다. 국민연금의 역사가 100년에 달하는 외국의 경우 급여율이 보통 50~60% 수준이지만 보험료율은 16~20%로 우리나라보다 높다. 외국 연금이 급여율은 우리나라와 비슷한데 보험료율이 높은 것을 보면, 9%라는 국민연금 보험료율이 급여율 60%를 맞추기에는 낮은 수치라는 것을 알 수 있다.[10]

〈표 2〉 국민연금 급여율과 연금 보험료율 (단위 : %)

연도		1988~1992	1993~1994	1995~1997	1998	1999	2000	2001	2002	2003	2004	2005~
보험료율	사업장 가입자	3	6	6	9	9	9	9	9	9	9	9
	지역 가입자	-	-	3	3	3	4	5	6	7	8	9
급여율		70				60						

국민연금이 처음 도입되었을 때 급여율은 70%로 상당히 높았다. 당시 보험료율이 3%에 불과했으니 보험수리적으로 높은 수익의 연금 제도였던 셈이다. 초기 정착을 위해 가입자에게 우호적으로 설계된 만큼 이후 발생할 재정 불안이라는 '예상된' 폭탄을 키우고 있었던 것이다. 이에 정부는 1999년 국민연금 재정안정화를 이유로 급여율을 현행 60%로 낮추었고, 2003년에 다시 급여율을 50%로 추가 인하하는 국민연금법 개정안을 국회에 제출했다.

그런데 국민이 국민연금에 대해 가지는 불만은 급여율보다는 주로 보험료에서 비롯된다. 국민연금의 보험료 부담 방식은 사업장 가입자와 지역 가입자가 다르다. 사업장 가입자의 경우 보험료의 절반인 4.5%는 고용주가 부담하고, 나머지 절반은 노동자의 임금에서 원천징수된다. 예를 들어 자신의 월평균 임금이 100만 원이라면 임금명세서에서 매월 4만 5,000원의 연금보험료가 공제된 것을 확인할 수 있을 것이다. 이 경우 나중에 지급받는 연금은 9% 보험료를 기준으로 계산되므로 가입자는 국민연금 제도를 통해 고용주에게서 임금의 4.5%를 지원받는 셈이다. 이에 비해 지역 가입자는 보험료 9%를 자신이 모두 부담한다. 이 점에서 지역 가입자는 사업장 가입자에 비해 불리하다고 볼 수 있다.

국민연금 가입자는 소득에 따라 월 22만 원에서 360만 원까지 총 45등급으로 나뉜다. 국민연금은 보험료를 납부하는 모든 가입자를 위로는 아무리 많은 소득일지라도 360만 원 등급에, 아래로는 아무리 낮은 소득일지라도 22만 원 등급에 포함시켜 이 소득 등급의 9%를 보험료로 부과한다. 그러므로 360만 원 소득자나 1,000만 원 소득자나 보험료는 동일하다.

보험료는 사업장 가입자의 경우 소득세법상 근로소득(국세청 과세소득)을 기준으로 부과되므로 노동자는 자신의 근로소득 중 비과세소득을 제외한 모든 소득이 보험료 부과의 기준소득이 된다.[11] 반면 지역 가입자는 자신이 국민연금관리공단에 신고한 소득을 기준으로 보험료가 부과된다. 그런데 지역 가입자의 신고소득의 경우 가입자가 보험료 부담을 덜기 위해 소득을 축소해서 신고하는 것으로 추정된다. 2005년 국민연금에 속한 사업장 가입자의 평균소득은 월 188만 원이고 도시 지역 가입자가 신고한 평균소득은 111만 원이다. 현실적으로 지역 가입자의 소득이 얼마나 되는지 정확하게 알 수 없고, 지역 가입자 대다수가 어려운 경제 여건에 처해 있는 점을 감안하더라도 지역 가입자의 소득이 축소 신고되었을 개연성이 높다.

지역 가입자는 사업장 가입자와 달리 국민연금 보험료를 자신이 모두 납부해야 한다는 것이 불만일 수 있다. 조그만 구멍가게를 운영하여 월 100만 원을 겨우 버는 자영자가 연금보험료로 9만 원을 지출해야 한다면 큰 부담이 아닐 수 없다. 건강보험에는 지역 건강보험 재정에 국고 50%(건강증진기금 15% 포함)가 지원되고 있어 사실상 정부가 고용주 역할을 대신하고 있으나, 국민연금의 경우 정부 지원은 농어민에 한해 매우 제한적으로 이루어지고 있을 뿐이다.[12]

3. 연금급여, 어떻게 그리고 누가 받는가

국민연금 가입자는 60세가 되면 연금을 받을 수 있다. 수급개시연령이 보험계약 약관에 따라 정해지는 사보험과 달리 국민연금은 생물학적 연령이 기준이다. 국민연금에서 지급되는 연금의 종류도 사보험에 비해 다양한데, 이는 국민연금이 정년 퇴임, 장애, 사망 등 가입자가 경제 능력을 상실하는 여러 경우를 대비해 설계되었기 때문이다.

국민연금은 40년 가입을 기준으로 가입자의 평생 평균소득의 60%를 연금으로 지급한다. 하지만 국민연금법에서는 제도 역사가 길지 않은 점을 감안하여 가입자의 연령이 60세이고 가입기간이 20년이 된 연금을 가장 일반적 형태로 보고 이를 완전노령연금이라 한다. 만일 40년을 가입한 경우에는 국민연금 급여율이 60%이므로 완전노령연금은 그 절반인 30%를 지급받게 된다. 그렇다고 국민연금 수급권의 기준이 반드시 가입기간 20년, 연령 60세로 고정되어 있는 것은 아니다. 60세가 되기 전에 직업을 잃을 수도 있고, 60세가 넘어서도 계속 일을 할 수도 있다. 노령연금은 이러한 경우에 대비하여 감액노령연금, 조기노령연금, 재직자노령연금 등을 두고 있다.[13] 한편 가입자가 연금 수급 연령이 되었을 때 받는 노령연금과 달리, 특별한 사유가 발생했을 때 지급되는 연금으로 장애연금, 유족연금, 반환일시금 등이 있다. 이제부터 〈표 3〉에 요약된 연금급여의 여러 형태에 대해서 살펴보도록 하자.

완전노령연금은 가입기간 20년, 연금 수급 연령 60세 때 지

〈표 3〉 국민연금의 급여 유형별 수급 요건과 급여 수준

<table>
<tr><th colspan="2">급여 유형</th><th>수급 요건</th><th>급여 수준</th></tr>
<tr><td rowspan="5">노령연금</td><td>완전 노령연금</td><td>가입기간 20년 이상
60세에 달한 때</td><td>기본연금액의 100%</td></tr>
<tr><td>감액 노령연금</td><td>가입기간 10년 이상 20년 미만
60세에 달한 때</td><td>기본연금액의 47.5%(10년)~92.5%(19년)</td></tr>
<tr><td>조기 노령연금</td><td>가입기간 10년 이상 55세 이상인 자로 소득이 없을 때</td><td>원래 연금(완전, 감액노령연금)의 75%(55세)~95%(59세)</td></tr>
<tr><td>재직자 노령연금</td><td>가입기간 10년 이상
60세 이상 65세 미만자</td><td>원래 연금(완전, 감액노령연금)의 50%(60세)~90%(64세)</td></tr>
<tr><td>특례 노령연금</td><td>가입기간 5년 이상
1988년 당시 45~60세(사업장)
1995년 당시 45~60세(농어촌)
1999년 당시 50~60세(도시)</td><td>기본연금액에서 가입기간 비례 적용</td></tr>
<tr><td colspan="2">장애연금</td><td>가입 중 발생한 질병 또는 부상으로 신체 · 정신상의 장애가 남은 때</td><td>1~3급 : 기본연금액의 100, 80, 60%
4급 : 일시보상금(기본연금액의 225%)</td></tr>
<tr><td colspan="2">유족연금</td><td>연금 가입자가 사망했을 때, 그에 의해 생계가 유지되던 유족</td><td>가입기간에 따라 기본연금액의 40%(10년 미만), 50%(10~20년), 60%(20년 이상) 지급</td></tr>
<tr><td colspan="2">반환일시금</td><td>가입기간 10년 미만에서 60세 도달
유족연금 자격을 충족치 못하는 경우
특수직역연금으로 이전
가입자의 국적 상실 혹은 해외 이주</td><td>연금보험료에 이자 가산</td></tr>
</table>

급되는 연금으로, 국민연금 제도에서는 이에 해당하는 금액을 기본연금액이라고 부른다. 그러므로 완전노령연금으로 기본연금액의 100%를 받는다면 금액은 자기 평생소득의 30%가 된다. 하지만 지금까지 완전노령연금 수급자는 없다. 1988년에 국민연금 제도가 도입되었으므로 완전노령연금 수급자는 2008년 이후에 발생한다.

감액노령연금은 수급자가 연금 지급 개시연령인 60세가 되었으나 가입기간이 10~19년인 경우 지급되는 것으로, 완전노령연금에 비해 감액된 연금이 지급된다. 국민연금의 역사가 오래되었다면 대부분의 가입자가 60세에 가입기간 20년을 넘겨 완전노령연금을 받을 것이다. 그러나 국민연금의 역사가 짧은 탓에 당분간은 가입기간 20년을 채우지 못한 채 60세에 도달하는 가입자가 많이 발생할 것이다. 이들을 위해서 가입기간 10년 이상이면 연금을 수령할 수 있도록 감액노령연금이 만들어졌다. 10년 가입 시 기본연금액의 47.5%를 지급하고, 1세마다 5%씩 가산하여 19년 가입 시 92.5%의 감액연금이 지급된다. 만약 60세가 되었을 때 가입기간이 10년이라면 사망 시까지 매달 받게 되는 연금액은 기본연금액의 47.5%, 즉 자기 평생소득의 14.3%(30%×0.475)이며, 가입기간이 15년이라면 자기 평생소득의 21.8%(30%×0.725)를 받게 된다.[14)]

조기노령연금은 10년 이상 가입한 수급자가 조기 퇴직으로 소득이 없을 때 지급되는 연금이다. 이 연금은 55세 이상의 무소득자를 대상으로 하는데 기본연금액에서 1세마다 5%가 감액된 연금이 지급된다. 예를 들어 55세에 조기노령연금을 받기 시작하면 원래 연금액의 75%를, 59세에 받기 시작하면 95%를 수령할 것이다. 일반적으로 연금이 노인에게 지급되는 공적 제도라는 점을 고려하면, 조기노령연금은 연금의 일반 원칙에서 다소 어긋난다. 그렇기 때문에 다른 나라에서는 흔치 않은 제도이지만 조기퇴직자가 많은 우리 현실을 고려해 만들어졌다.

재직자노령연금은 가입기간이 10년 이상 된 60세 가입자가 계속 소득이 있을 경우에 적용된다. 이 연금은 60~64세까지만 적용되는 한시적 연금으로 추가소득이 있는 것을 감안하여 원래 노령연금에서 감액된 연금이 지급된다. 60세 수급자의 경우 원래 연금액의 50%를 지급받고 1세마다 10%씩 상향되어 65세에 이르면 소득 유무와 무관하게 원래 연금을 전액 받는다.

특례노령연금은 국민연금 제도 도입 당시 이미 나이가 많아 국민연금에 가입해도 기본 가입기간 10년을 채우기 어려운 사람들을 위한 '특례' 제도다. 1988년 사업장 국민연금 제도가 시작될 당시 45세 이상 60세 미만자(1929~1943년 출생자), 1995년 농어촌 지역 국민연금 제도가 도입될 당시 45세 이상 60세 미만자(1935~1950년 출생자), 1999년 도시 지역 확대 적용 당시 50세 이상 60세 미만자(1939~1949년 출생자)가 그 적용 대상이다. 이들은 5년 이상만 가입하면 연금을 받을 수 있다.

〈표 4〉에서 보듯이 2005년 12월 기준 노령연금 평균액은 17만 원이다. 이렇듯 연금액이 적은 이유는 가입기간이 5년

이상만 되어도 수급권이 발생하는 특례노령연금이 다수를 차지하기 때문이다. 국민연금을 받는 총 162만 명 중 특례노령연금 수급자가 116만 명으로 전체의 72%를 차지했다.[15] 감액노령연금, 조기노령연금은 평균 가입기간이 각각 14년, 12년 5월이어서 연금액이 30~38만 원에 달하지만 이 역시 노후 생계 지원금으로는 부족한 금액이다. 가입기간 20년이 되어서 받는 완전노령연금 수급자가 아직까지 없는 탓이다.

한편, 연금 지급 개시연령을 보면 우리나라는 상대적으로 조기에 연금을 지급하는 편이다. 경제협력개발기구(OECD) 가입국의 대부분이 개시연령을 65세로 하고 있다. 앞으로는 우리나라도 국민연금 개시연령을 높일 예정이다. 2013년부터

〈표 4〉 국민연금 수급자 현황(2005년 12월)[16]

구분		수급자수(명)	수급자 비율(%)	평균액(원)	평균 가입기간
노령연금	완전	0	0.0		
	감액	34,390	2.1	388,067	14년
	조기	77,270	4.8	306,487	12년 5월
	특례	1,162,936	72.0	152,980	6년 6월
	분할	686	0.0	110,064	8년 4월
	재직자	47,250	2.9	239,071	14년 8월
	계	1,322,532	81.8	171,096	7년 4월
기타연금	유족	242,367	15.0	185,828	5년 5월
	장애	50,382	3.1	337,739	5년 8월
총계		1,615,281	100.0	178,528	7년

5년마다 1세씩 상향되어 2013년에 61세, 2018년에 62세, 2033년에는 65세가 되어야 연금이 지급된다. 예를 들면 1964년생은 63세가 되는 2027년부터, 1969년 이후 출생자는 65세가 되는 해부터 연금을 받을 수 있다.

지금까지 살펴본 연금은 가입기간을 10년 이상 채우고 일정 연령에 도달했을 때 받는 노령연금이다. 반면 연령과 무관하게 지급되는 연금으로 장애연금, 유족연금, 반환일시금이 있다. 장애연금은 가입 중에 가입자가 질병이나 부상으로 장애가 생겼을 경우 그 장애 정도에 따라 지급되는 연금이다. 장애1급, 2급, 3급의 경우 각각 기본연금액의 100%, 80%, 60%가 평생 동안 매월 지급되며, 장애4급에게는 연간 기본연금액의 225%가 일시 보상금으로 지원된다. 장애연금은 가입기간에 영향을 받지 않으므로 가입한 지 한 달 후에 장애를 입어도 장애 등급에 따라 연금을 수령할 수 있다.[17]

유족연금은 국민연금 가입자가 사망했을 때 그 유족에게 지급되는 연금이다. 이는 가입자의 사망으로 인해 생활고를 겪을 유족들을 지원하기 위한 것으로, 가입기간이 10년 미만인 경우 기본연금액의 40%, 10~20년인 경우 50%, 20년 이상인 경우 60%가 지급된다. 우리나라 유족연금의 급여율은 다소 낮은 편인데, 사망자의 수급권은 배우자, 18세 미만의 자녀, 60세 이상의 부모 등의 순서로 이양된다. 이때 유족에 해당하는 배우자의 자격 요건이 남녀별로 다르다. 남편이 사망한 부인의 경우 처음 5년 동안에는 소득 여부와 무관하게 유족연금을 받을 수 있다. 이후 부인에게 소득이 생기면 50세까지 지급이 정지됐다가 50세 이후에 다시 지급된다. 반면에 부인이 연금 가입자로서 사망한 경우 유족인 남편은 60세가 넘어야 유족연금을 받을 수 있다. 국민연금 제도에서 남성은 늘 노동시장에서 일을 하고 있다고 가정되기 때문이다.[18)]

한편 국민연금에 가입했지만 노령연금이나 유족연금 등 연금수급권이 발생하지 않는 경우를 대비하여 반환일시금 제도가 있다. 연금 가입자가 국민연금을 받기 위해서는 일정한 가입기간과 수급 자격을 갖추어야 한다. 그러나 국민연금 가입자가 이러한 요건을 갖추지 못하는 경우가 생길 수 있다. 예를 들면 노령연금 수급을 위한 최소가입기간(10년)을 채우지 못하고 60세가 됐거나 공무원연금, 사학연금 등 다른 공적연금으로 이전한 경우, 가입자가 국적을 상실하거나 해외로 이주하는 경우 등이 그러하다. 이 경우 가입자가 납부한 보험료에 정기예금 이자율을 적용하여 반환일시금이 지급된다. 반환일시금은 외국의 공적연금에서는 흔치 않은 제도인데 사보험 적금 문화에 익숙한 우리나라 국민의 정서를 고려해 만들어졌다. 어쨌든 낸 것만큼은 돌려주기 위한 배려이다. 최근 반환일시금 요건을 완화하여 자신이 낸 보험료를 돌려달라는 가입자들의 요구가 거세다. 특히 당장 생활이 어려운 가입자의 경우 더욱 절박하다. 그런데 국민연금법은 반환일시금을 지급해 버리면 나중에 이 사람들이 노후 빈곤에 빠질 개연성이 매우 높다는 이유에서 이를 금지하고 있다.

현재 한나라당은 채무 상환을 돕도록 신용불량자에 한하여 반환일시금 제도를 허용하자는 법을 발의해 놓은 상태다. 하지만 이것을 허용할 경우 영세서민의 노후 생계가 불안해질 뿐만 아니라 국민연금 가입자의 연쇄 '탈출' 사태로 이어질 수도 있어 허용하기도 어려운 처지다. 그 취지는 충분히 인정되지만 원칙적으로는 신용불량자일지라도 노후 생계를 위해 국민연금에 남아 있어야 한다. 대신 금융 부채를 해결하기 위해 공적 금융기관을 활용하거나 법원의 공적회생 제도(개인회생 및 개인파산)를 이용하는 것이 올바른 방법이다. 그러나 금융기관의 문턱은 높고 공적회생 제도는 활성화되지 못한 것이 우리 현실이다. 이렇다 보니 당장 생계가 어려운 신용불량자나 영세서민의 연금보험료 환불 요구를 마냥 외면할 수만은 없는 상황이다. 서민에게 유달리 혹독한 금융 제도, 취약한 사회복지, 불안정한 노동시장 등으로 인한 문제가 국민연금에까지 영향을 미치고 있다.[19)]

마지막으로 반환일시금과 유사한 형태로 사망일시금이 있다. 이는 가입자 사망 시 유족연금 또는 반환일시금을 지급받을 수 있는 국민연금법상 유족이 없는 경우 생계를 유지하고 있던 관련 유족에게 지급되는 장제부조금적 성격의 일시금이다. 이 역시 가입자가 국민연금에 가입하여 보험료로 기여했음에도 아무런 혜택을 받지 못하는 경우를 고려한 제도다.[20)]

4. 의무 가입과 임의 가입

2005년을 기준으로 국민연금에 가입한 사람은 총 1,712만 명이다. 가입자 수는 국민연금이 1999년 도시 지역으로 확대되면서 1,600만 명을 돌파한 이후 안정세를 보이고 있다. 사업장 가입자와 지역 가입자 수는 1999년 각각 500만 명, 1,100만 명으로 지역 가입자 수가 월등히 많았으나, 지금은 각각 약 800만 명과 900만 명으로 비슷한 수준이다. 그러나 지역 가입자에 속해 있던 5인 미만의 사업장들이 2003년부터 점차 사업장 가입자로 옮겨감에 따라 사업장 가입자는 늘어나고 지역 가입자는 줄어들고 있다. 일반적으로 자영업으로 알려진 식당, 미용실, 슈퍼마켓 등도 1인 이상 직원을 고용할 경우 모두 사업장 가입자 대상이다. 앞으로 영세 사업장 종사자와 비정규직 노동자들이 모두 사업장 가입자로 전환될 수 있다면 사업장 가입자 수가 지역 가입자 수를 크게 앞지를 것이다.

국민연금은 법에서 정한 일반적 자격을 갖춘 국민이면 모두 가입해야 하는 강제 제도다. 보통 공적연금에는 가입 방식에 따라 1인 1연금제와 1소득자 1연금제가 있다. 전자는 소득 활동과 무관하게 모두 노후에 연금을 받는 제도이고, 후자는 우리나라처럼 소득이 있는 사람만 가입하는 제도다. 예를 들어 소득이 없는 전업주부까지 공적연금에 가입시키면 1인 1연금제이고, 소득이 없으므로 가입에서 제외하면 1소득자 1연금제가 된다.

각 제도는 나름의 장단점을 지닌다. 1인 1연금제는 모든 국민이 공적연금을 통해 노후를 보장받는다는 장점이 있지만 소득이 없는 사람에게도 연금을 지급해야 하므로 천문학적인 재

〈표 5〉 국민연금 가입자 현황(2005년 12월)[21]

구분 성별	계		사업장 가입자	지역 가입자	임의 가입자	임의계속 가입자
	인원(명)	비율(%)				
남자	11,061,739	64.6	5,323,606	5,722,655	6,346	9,132
여자	6,062,710	35.4	2,626,887	3,401,020	20,222	14,581
계	17,124,449	100.0	7,950,493	9,123,675	26,568	23,713

정이 필요하다. 1소득자 1연금제는 소득이 있는 사람만 가입하므로 재정 관리가 용이하나 소득이 없는 사람은 노후에 연금을 받지 못하는 사각지대에 놓이게 된다. 우리나라 국민연금은 광범위한 사각지대 문제를 안고 있는데, 이것은 소득 파악이 미비한 한국적 특수성 때문이기도 하지만, 근본적으로는 1소득자 1연금제에 내재된 문제이기도 하다.[22]

우리나라 국민연금은 〈표 6〉에서 보듯이 소득을 기준으로 의무 가입과 임의 가입으로 나뉜다. 18세 이상 60세 미만인 사람 중 소득 활동을 하는 사람은 의무적으로 국민연금에 가입해야 하고, 소득 활동이 없는 사람은 자신이 원하면 임의적으로 가입할 수 있다. 의무 가입의 경우, 소득 활동의 범위가 매우 광범위해서 실제 소득이 없는 무소득자가 가입 대상에 포함되기도 한다. 예를 들어 가계를 부양하는 남편이라면 실업 상태에 있더라도 '잠재적' 소득자로서 의무 가입 대상이다. 임의 가입 대상은 전업주부, 학생 등 주로 비경제활동인구에 속하는 사람들이다.

〈표 6〉 국민연금 가입자 유형과 특징

가입 유형	의무 가입		임의 가입	
	사업장 가입자	지역 가입자	임의 가입자	임의 계속 가입자
대상	18~60세 중 근로소득 종사자	18~60세 중 사업장 가입자와 임의 가입자를 제외한 전부	무소득 배우자(전업주부), 27세 미만 무소득자, 기초생활 수급자, 특수직역연금 수급자	가입기간 20년 미만으로 60세에 도달한 가입자
보험료	노사 절반	본인 전액	본인 전액	본인 전액
특징	비정규직 노동자 배제	소득 파악 미비로 보험료 형평성 및 가입 저항 유발	국민연금의 고수익성을 잘 아는 사람	국민연금 도입 초기를 고려한 배려

현재 국민연금 가입에서 가장 심각한 문제는 지역 가입자에게서 발생한다. 국민연금법은 지역 가입자 요건을 구체적으로 명시하지 않고, 사업장 가입자가 아니면서 법에서 명시한 임의 가입 대상에도 해당되지 않는 모든 사람을 지역 가입자로 규정하고 있다. 따라서 직장 근로자, 소득이 없는 전업주부, 27세 미만자, 기초생활 수급자에 해당되지 않는 사람은 모두 지역 가입자가 되어야 한다. 따라서 매월 수십만 원밖에 벌지 못하는 구멍가게 자영자, 소득이 매우 적은 일용직 노동자, 실업 상태의 노동자 등이 이에 해당한다. 이 때문에 지역 가입자의 의무 가입을 둘러싸고 민원이 끊이지 않는다. 특히 국민연금이 도시 지역으로 확대된 1999년은 국제통화기금(IMF)의 구제금융 이후 실직자, 저소득 자영자 등이 급증한

시기여서, 생활고에 허덕이는 서민들의 어깨를 더욱 짓눌렀다. 이렇듯 지역 국민연금은 시작부터 가입자들의 반감 속에서 탄생한 셈이다.

한편 사람들이 그토록 싫어하는 국민연금에 왜 굳이 가입하려는지 의아하게 생각하겠지만, 2005년 현재 임의 가입자의 수는 2만 7,000여 명에 달한다. 이들은 국민연금 제도의 특성을 잘 알고 있는 전문가이거나 주변 사람들로, 국민연금을 둘러싼 비판이 수없이 제기되고 있지만 국민연금에 가입하기만 하면 어떤 사보험보다도 높은 수익이 보장된다는 '비밀'을 간파한 사람들이다.

임의 '계속' 가입은 의무가입 연령인 60세에 도달했지만 가입기간이 20년이 되지 않은 사람을 배려한 제도다. 이들은 가입기간이 10년만 넘으면 감액노령연금을 받을 수 있지만 가입기간을 늘려 가능한 한 높은 연금액을 받거나, 가입기간이 10년이 되지 않는 경우 10년 이상 가입기간을 채워 연금을 받기 위해 이 제도를 활용한다. 예를 들어 15년을 가입하고 정년 퇴임한 사업장 가입자가 감액노령연금을 받지 않고 계속 보험료를 납부해 20년을 채울 경우, 그는 완전노령연금을 받을 수 있다. 임의 계속 가입자는 보험료 9%를 모두 자신이 부담해야 하지만 보험료를 계속 납부하겠다는 참으로 '대단한' 사람들이다. 이들의 수는 2005년 2만 4,000명이었다. 역시 누구보다도 국민연금의 고수익 특성을 잘 알고 있는 사람들이다.

5. 가입 불안정지대—비정규직 노동자와 납부예외자

현재 고용되어 일하는 모든 노동자는 사업장 국민연금에 가입되어 있는가? 그렇지 않다. 2003년부터 사업장 국민연금이 5인 미만 사업장까지 확대되었지만 행정 관리의 미비와 당사자의 회피로 많은 영세 사업장의 노동자들이 사업장 국민연금에 가입하지 못하고 있다.

여기서는 노동자의 가입 실태를 좀 더 구체적으로 알아보기로 하자. 일반적으로 임금소득이 있는 노동자는 분명한 소득이 있으므로 사업장 국민연금에 모두 가입해야 한다. 하지만 우리 주위를 보면 임금 노동자이면서도 사업장 국민연금 가입자가 아닌 사람이 많다. 2005년 기준으로 전체 노동자 1,497만 명 중 사업장 국민연금에 가입한 사람은 795만 명에 불과하다. 그러면 나머지 약 700만 명은 어디에 있는가?

우선 공무원연금과 사학연금 가입자가 120만 명이다. 이들을 제외하면 약 580만 명의 노동자가 사업장 국민연금 외부에 있다. 노동자이지만 사업장 국민연금에 속하지 못하는 대표적인 이들이 5인 미만 사업장의 노동자다. 2003년 이전까지 사업장 국민연금 가입 대상이 5인 이상 사업장에 한정되어 있어서, 이들은 지역 가입자로 자동 편입되었다. 당시 5인 미만 사업장일지라도 노동자가 동의하면 사업장 국민연금에 가입할 수 있었지만 고용주와 노동자 모두 연금보험료 납부를 회피했기 때문에 사업장 가입자로 편입되는 경우는 극소수에 불과했다.[23)]

정부는 국민연금법 시행령을 개정하여 2003년 7월부터 5인 미만 사업장을 단계별로 사업장 가입으로 전환하고 있다. 〈표 7〉에서 보듯이 국민연금관리공단은 2003년 1단계로 변호사 사무실, 개인 의원 등 법인 · 전문직 사업장을, 2004년 2단계로 건강보험과 고용보험에 가입한 사업장을, 그리고 2006년 3단계로 최근 고용보험, 건강보험에 등록한 사업장을 사업장 국민연금으로 편입하고 있다. 하지만 많은 사업장이 영세하고 휴폐업 상태여서 연금 전환 실적은 기대에 미치지 못하고 있다. 여러 현실적 여건을 감안하여 애초에 109만 명을 목표로 했음에도, 2006년 5월까지 사업장 국민연금으로 전환된 가입자는 목표의 절반인 50만 명 수준이다. 나머지 영세 사업장들은 대부분 재무 구조가 취약하고 경기 악화에 따라 수시로 휴폐업을 하고 있어 가입 확대는 순조롭지 않은 편이다.

그런데 5인 미만 사업장 적용 확대에서도 배제된 노동자들이 있다. 1월 미만 고용 일용직 노동자, 월 80시간 미만 파트

〈표 7〉 5인 미만 사업장 가입 확대 현황(2006년 5월)[24)]

	시점	확대적용 사업장	적용 대상자	추진 실적
1단계	2003년 7월 1일	법인, 전문직	260,003	187,800
2단계	2004년 7월 1일	건강보험, 고용보험 사업장	557,610	221,404
3단계	2006년 1월 1일	기타 사업장	271,191	93,370
계			1,088,804	502,574

타임 노동자 등 비상시업무 노동자, 법적으로 노동자성을 인정받지 못하는 보험설계사, 학습지 교사, 지입차주 등 특수고용직 노동자들은 사업장 국민연금 적용 대상에서 원천적으로 제외된다. 대신 이들은 자신이 전액 보험료를 부담하는 지역 국민연금에 가입해야 한다.

2005년 경제활동인구 부가조사를 분석한 〈표 8〉을 보면 전체 노동자 1,497만 명 중 임시 근로자, 시간제 근로자, 용역 근로자 등 비정규직 노동자의 수가 무려 839만 명으로, 전체의 56.1%에 달한다. 이 중 사업장 국민연금에 가입한 노동자는 32.8%, 275만 명에 불과하다. 나머지 564만 명의 비정규직 노동자는 지역 국민연금에 편입되어 자신이 보험료를 전액 부담하거나, 소득이 없다고 신고하여 보험료 납부를 면제받는 납부예외자로 머물고 있다.[25)]

현재 지역 국민연금에는 다양한 종류의 불안정한 가입자들이 속해 있다. 2005년 지역 가입자 수는 912만 명이다. 지역 가입자 중 실제 사업장 등록 자료를 가진 자영자는 30% 수준일 것으로 추정된다.[26)] 그렇다면 나머지 사람들은 누구인가?

〈표 8〉 고용 형태별 국민연금 가입 현황(단위 : %)[27)]

	정규직	비정규직	계
가입	6,440,895(98.0)	2,750,582(32.8)	9,191,477(61.4)
미가입	132,970(2.0)	5,643,779(67.2)	5,776,749(38.6)
계	6,573,865(100.0)	8,394,361(100.0)	14,968,226(100.0)

이들은 앞에서 살펴본 영세 사업장 노동자, 비정규직 노동자, 사업장 등록 없이 자영활동을 하는 행상, 소득이 없는 실업자, 무직자 등이다. 이들은 27세 미만의 성인 또는 전업주부가 아니라면 국민연금관리공단으로부터 가입 요청을 받게 되고, 공단 직원과 자신의 소득 수준을 둘러싼 '교섭'을 벌인 후 소액의 보험료를 납부하거나 납부예외자로 분류되는 지역 가입자가 된다.

국민연금은 연금 가입자 중에서 소득이 없어 연금보험료를 납부할 수 없는 사람을 위해 가입자 자격은 유지하되 보험료는 납부하지 않도록 하고 있는데, 이것이 바로 납부예외자 제도이다. 이 제도는 가입자가 납부예외자로 편입되어 보험료를 내지 않더라도 장애를 입거나 사망할 경우 장애연금, 유족연금을 받을 수 있도록 배려한 것으로 나중에 소득이 발생하면 보험료를 추후 납부하여 가입기간을 채울 수도 있다. 대신 보험료를 납부하지 않을 경우 납부예외 기간은 노후에 연금 계산에서 제외되므로 나중에 수령할 연금액도 줄어든다.

그런데 문제는 무소득자를 배려해 만든 납부예외자 제도가 소득 활동을 하는 가입자들의 국민연금 회피 수단이 되고 있다는 점이다. 실제로 소득이 없어 납부 예외를 신청할 수밖에 없는 사람도 있지만, 상당수 지역 가입자들이 국민연금관리공단으로부터 보험료 납부 통지서를 받은 후, 소득이 없다고 주장하며 보험료 납부예외 적용을 받고 있다.

〈표 9〉에서 보듯이 2005년 지역 가입자 중 납부예외자는 무려 463만 명에 달한다. 지역 가입자의 절반이 아무런 소득이

없다고 신고한 것이다. 20대 가입자는 무려 86.5%가 소득이 없고, 30대도 57%가 무소득이라고 신고했다. 국민연금법상 27세 미만 무소득자나 전업주부는 처음부터 가입 대상이 아니라는 점을 감안하면 20~30대 의무 가입자가 대부분 연금보험료 납부를 사실상 거부하고 있다고 볼 수 있다.[28)]

그러나 보험료 납부를 회피한다고 해서 이들을 무작정 비판할 수만은 없다. 보통 지역 가입자를 이야기할 때 고소득 전문직 자영자가 언급되지만 국민연금에서 이들은 거의 사업장 가입자로 편입되어 있다. 따라서 현재 지역 가입자 중 상당수가 소득이 그다지 높지 않은 저임금 노동자이거나 영세 자영자다. 획기적인 사회적 지원이 없는 한 이들이 연금보험료를 납부하기는 사실상 어려운 상황이다.

〈표 9〉 연령대별 납부예외자 비율(2005년 12월, 단위 : 명, %)[29)]

	지역 가입자(A)	납부예외자(B)	납부예외자 비율(B/A)
30세 미만	1,313,069	1,135,656	86.5
30~39	2,587,395	1,475,552	57.0
40~49	2,996,952	1,219,478	40.7
50세 이상	2,226,259	803,773	36.1
계	9,123,675	4,634,459	50.8

6. 국민연금은 가입자에게 이익인가 손해인가

비정규직이나 저소득 노동자 등 많은 불안정한 노동자를 제도 밖에 남겨두긴 했지만 이미 1,200만 명 이상이 보험료를 납부하며 국민연금에 참여하고 있다. 과연 이들은 국민연금 제도를 통해 혜택을 받을 것인가 아니면 보험료조차 찾지 못할 것인가? 실제 상당수 사람들이 국민연금은 가입자에게 손실을 주는 제도라고 알고 있다. 사보험은 가입자가 낸 보험료만큼 연금으로 돌려주는 아주 단순한 구조를 지닌다. 하지만 국민연금은 공적 제도로서 연금을 계산하는 방식이 복잡하다. 여기서는 국민연금에서 가입자가 받는 연금이 어떻게 정해지는지 살펴보자.

첫째, 국민연금의 연금수령액은 매년 물가상승률을 반영해 실질가치로 지급된다. 이는 사보험의 연금액 기준과 다른 중요한 특징이다. 사보험 상품이 앞으로 20년 후에 매년 100만 원을 지급하겠다고 홍보하면 이때 연금액은 계약 당시의 시장가격으로 평가된 경상금액이다. 그렇기 때문에 20년 후의 인플레이션을 고려하면 이 100만 원의 실제 가치는 50만 원에도 미치지 못할 것이다. 하지만 국민연금에서 제시되는 연금액은 현재 기준 불변가격이다.

예를 들어, 필자가 계속 국민연금에 가입한다면, 62세가 되는 2027년부터 매월 43만 원을 받을 예정이다. 이때 43만 원은 2006년 불변가격을 기준으로 한 연금액으로, 이를 2027년 경상금액 기준으로 다시 계산하면 137만 원이 된다. 즉 국민

〈표 10〉 가입기간별 · 소득 계층별 급여율(단위 : %)[30]

가입기간 \ 등급	최하 소득자	1/2 소득자	**평균 소득자**	2배 소득자	최상 소득자
20년	73.6	44.3	**29.7**	22.3	20.5
30년	100.0	66.7	**44.6**	33.5	30.8
40년	100.0	88.9	**59.4**	44.7	41.1

연금에서 밝히는 미래 연금액 43만 원은 사보험의 137만 원과 동일한 금액이다.

둘째, 국민연금은 소득재분배 기능을 지닌다. 다시 말해 상위 소득자에 비해 하위 소득자의 급여율이 높도록 설계되어 있다. 사보험은 소득 계층과 무관하게 상품별로 연금액이 정해지므로 계층별 급여율에는 차이가 없지만 국민연금은 계층별 급여율이 다르다. 일반적으로 말하는 국민연금 급여율 60%는 계층별 급여율을 합산한 평균급여율이다(엄격히 말하자면 59.4%다). 〈표 10〉을 보면 40년 가입 기준으로 최상 소득자의 급여율은 41.1%인데 반하여 평균소득의 절반 소득자는 88.9%, 최하 소득자는 100%다.

이러한 계층별 급여율은 국민연금의 독특한 연금액 산정 방식에서 비롯된다. 〈표 11〉에서 보듯이, 국민연금의 연금 급여 결정 과정에는 가입자 전체 평균소득월액(A)과 가입자 개인의 표준소득월액(B)이 변수로 작용한다. A를 바탕으로 모든 가입자에게 동일한 급여액(균등연금액)이 적용되고, B를 바탕으로 가입자별로 상이한 급여액(비례연금액)이 산정된다. 그

〈표 11〉 국민연금 급여 산정식

$$\text{연금액} = \frac{\mathbf{1.8(A + B)(1 + 0.05n)}}{\mathbf{12}}$$

A : 가입자 전원의 소득월액의 3년간 평균액
B : 가입자 개인의 전체 가입기간 중 소득월액의 평균액
n : 가입기간 20년을 초과한 연수
1.8 : 평균 소득자 기준 40년 가입 시 급여율 60%를 만들어주는 계수

래서 실제로 받는 연금액은 이 두 급여액을 합한 금액이 된다. A와 B가 같은 평균소득자는 자기 소득의 60%를 받게 되고, 자기 소득이 전체 가입자의 평균소득보다 낮은 가입자는 평균 급여율 60%보다 높은 급여율을 적용받으며, 반대로 자신의 소득이 전체 가입자의 평균소득보다 높은 가입자는 60%보다 낮은 급여율을 적용받는다. 이렇게 국민연금은 A라는 균등변수를 통해 저소득 계층에게 상대적으로 높은 급여율을 적용해 주고 있다.

한편 계층별 급여율을 상쇄시키는 요인도 있다. 일반적으로 상위 계층일수록 평균수명이 긴 것으로 알려져 있다. 이런 점에서 상위 계층 가입자는 나중에 연금을 받는 기간이 하위 계층보다 더 길 것이다. 그런데 국민연금 제도의 설계를 보면 계층별 평균수명의 차이가 고려되지 않고 있다. 따라서 상위 계층은 그만큼 평균수명에 의한 혜택을 볼 것이므로 실제 국민연금의 계층별 급여율은 〈표 10〉보다 다소 완화된 수준일 것이다.[31)]

〈표 12〉 국민연금 가입년도와 소득 계층별 수익비(단위 : 배)[32]

가입 년도	하위소득자 (22만 원)	중하소득자 (80만 원)	평균소득자 (159만 원)	중상소득자 (238만 원)	상위소득자 (360만 원)
1988	9.1	4.5	2.9	2.4	2.1
2005	7.9	3.5	2.4	2.0	1.7

셋째, 모든 가입자가 자신이 낸 것보다 더 많은 금액을 연금으로 받는다. 국민연금은 저소득 계층에게 상대적으로 높은 급여율을 적용하여 계층 간 소득재분배 효과를 유도하긴 하지만, 그렇다고 고소득 계층이 절대적으로 손해를 보는 것은 아니다. 현행 국민연금은 고소득층이건 저소득층이건 모두 자신이 부담한 보험료 총액보다 지급받는 연금 총액이 더 많도록 설계되었다.

〈표 12〉를 보면 1988년 국민연금에 가입한 사람은 소득 계층별로 2.1~9.1배의 수익을 얻는다. 2005년에 가입한 사람도 평균소득자는 2배 이상의 수익을 얻고, 최상위 소득자 역시 1.7배의 수익을 기록한다. 예를 들어 〈표 13〉에서 보듯이, 월평균소득이 159만 원인 노동자가 2005년부터 20년 동안 가입한다면, 총 3,649만 원을 납부하고, 나중에 총 8,559만 원을 받게 되어 수익비가 2.4배에 이른다. 여기에 고용주가 부담한 보험료 절반을 감안하면, 이 가입자는 자신이 낸 본인부담 보험료에 비해 무려 4.8배의 연금을 받는 것이다. 아마도 믿기 어렵겠지만 이것이 바로 국민연금의 특혜이자 미래 재정

불안을 초래하는 원인일 것이다.[33)]

어떻게 이런 일이 일어날 수 있는가? 국민연금에는 소득재분배 기능이 있다고 했는데, 최상위 가입자 역시 낸 것보다 더 많이 받는다면 어떻게 재분배가 가능한가? 그렇다. 엄밀하게 가입자 내에서만 소득재분배가 이루어진다면 수익비 평균은 1이 되어야 한다. 그런데 모든 계층의 수익비가 1을 넘고 있다. 이를 해결하기 위한 방법이 세대 간 부담이다. 수익비가 1을 넘을 경우, 그 수익비에 해당되는 재정은 후세대 부담분이 되는 것이다.

어떠한 사보험 상품도 시장원리상 수익비 1을 넘지 못한다. 사보험의 총보험료에서 회사가 사용하는 부가보험료를 제외하면 수익비는 대략 0.8 안팎에 머물 것이다. 반면에 국민연금은 가입자에게 높은 급여를 제공한다. 국민연금은 수익비의 평균이 2를 넘으며 저소득 계층일수록 수익비는 더 커진다.

넷째, 국민연금의 현행 급여율은 이후에 국민연금법이 개정

〈표 13〉 국민연금 평균소득자 수익비 현황

(2006년 불변가격 기준, 단위 : 배)[34)]

가입년도	가입기간	기여액 총액	연금수급 총액	수익비
1988	20년	2,960만 원	8,644만 원	2.9
	30년	4,784만 원	1억 3,175만 원	2.8
2005	20년	3,649만 원	8,559만 원	2.4
	30년	5,473만 원	1억 3,222만 원	2.4

되더라도 소급 인하되지 않는다. 일반적으로 국민연금법이 개정되어 급여율이 낮아지면 기존 수급자의 권리가 저하된다고 알려져 있지만 이는 사실과 다르다. 예를 들어 2006년에 급여율이 60%에서 50%로 인하되더라도 기존 연금 수급자는 계속 자신의 평생소득의 60%에 해당하는 연금을 받는다. 아직 연금 수급자가 아닌 필자의 경우 2006년까지 납부한 기간에 대해서는 60%의 급여율로, 내년 이후에는 50%의 급여율로 연금이 계산될 것이다. 국민연금에 일찍 가입해 낮은 보험료율과 높은 급여율을 이미 확보한 현재의 가입자들은 자신의 의사에 반해 가입되었다 하더라도 결과적으로는 운이 좋은 사람들이다.

그렇다면 가입자는 국민연금의 이러한 특성에 대해 얼마나 알고 있을까? 안티 국민연금 사태가 최고조에 달했던 2004년 여름, 국민연금관리공단은 지역 가입자를 상대로 국민연금에 대한 가입자 평가를 실시했다. 이 평가는 일반 언론사의 여론조사와 달리 조사대상 표본크기가 2,400명에 달하고, 1:1 개별 면접조사를 실시하는 등 심층적으로 진행되었다. 예상했듯이, 그 결과를 살펴보면 국민연금에 대한 불신과 오해가 여실히 드러나 있다.

〈표 14〉를 보면, 자신이 낸 보험료보다 더 많이 연금을 받는다는 사실을 알고 있는 사람은 7.9%, 사망 시에도 연금을 받을 수 있다는 사실을 아는 사람은 29.4%에 불과하다. 또한 저소득층에게 유리하게 설계되어 있다는 사실을 아는 사람은 12.7%, 연금액이 매년 실질가치로 재계산된다는 사실을

〈표 14〉 국민연금에 대한 지역 가입자 평가[35)]

질문	그렇지 않다	그저 그렇다	그렇다
현재 가입하고 있는 사람들은 내는 돈보다 받는 돈이 더 많을 것이다	**69.4**	22.7	**7.9**
노후뿐 아니라 장애나 사망 시에도 국민연금을 받을 수 있다	**42.6**	27.9	**29.4**
국민연금은 저소득층에게 더 유리하게 되어 있다	**64.9**	22.4	**12.7**
국민연금 급여는 물가상승률만큼 매년 올려주어 실질가치를 보장해준다	**62.6**	24.2	**13.2**

아는 사람은 13.2%에 그친다. 많은 국민이 국민연금에 대하여 사실과 정반대로 알고 있는 것이다. 국민연금이 자신의 소득 중에서 가장 많은 보험료를 내는 공적보험이며 우리 사회에서 오랫동안 뜨거운 논란을 일으키는 제도임에도 불구하고 이에 대한 기본적인 내용조차 제대로 알려지지 않은 이 현실을 어떻게 설명해야 할까?

제 3 장

국민연금, 왜 신뢰받지 못하는가

앞 장에서 살펴보았듯이 국민연금은 사보험에 비해 가입자에게 매우 유리한 확정급여형 연금 제도다. 그런데 국민연금관리공단이 TV나 신문을 통해 국민연금 제도에 대해 홍보하고, 언론 역시 국민연금에 관한 기획 기사를 연재하는데도 불구하고 국민들은 여전히 국민연금에 대한 불신과 분노를 표한다. 공적연금에 대해 적극적인 지지를 보내는 서구와 비교하면 놀라우리만큼 상반된 태도다. 우리나라 국민들이 사회복지 제도를 제대로 이해하지 못해서일까? 그렇지는 않다. 국민들이 국민연금을 불신하는 데는 그만한 이유가 있다. 이제 국민연금이 왜 문제가 되는지 살펴보자.

1. 형평성에 어긋난 그리고 감내하기 힘든 보험료

국민연금 제도에서 가장 불만스러운 부분이 무엇인지 물으면 대부분 보험료라고 대답한다. 연금급여율을 낮춘다는 정부의 개정안 발표 이후로 국민연금은 용돈연금이라는 비판을 받고 있다. 하지만 사실 국민들의 관심은 급여율 조정에 있지 않다. 오히려 나중에 받을 연금액보다는 지금 납부하는 보험료의 비형평성과 그에 따른 부담에 분을 터뜨린다.

국민연금 보험료에 대한 불신은 앞서 언급한 미비한 소득 파악 문제에서 비롯된다. '보험료' 이야기를 들을 때마다 마음이 무겁다. 대부분의 서민들이 보험료를 호주머니를 털어가는 세금이라고 생각한다. 이 때문에 국민연금과 건강보험 보험료에 못마땅해하고, 심지어 수도, 전기, 전화 요금도 수도세, 전기세, 전화세로 불리는 지경이다.

왜 이렇게 세금이 우리에게 부정적인 것으로 인식되고 있을까? 역사적으로 세금은 착취 계급들이 민중의 고혈을 짜내기 위해 사용한 수단이었다. 민중은 지방 호족들의 부귀영화를 위해 자신의 땀으로 지은 농산물을 세금으로 빼앗겨야 했고, 이에 대한 분노가 종종 민란으로 폭발하기도 했다. 우리나라에서 세금에 대한 저항은 해방 이후 근대국가 형성 과정에서도 계속되었다. 권위적이고 재벌친화적인 세력에 의해 국민의 세금은 독재 체제 유지, 재벌 편중 지원 등에 사용되었고, 마땅히 거두어야 할 부유 계층에 대한 세금은 방기되기 일쑤였다. 국가 재정이 취약하니 사회복지는 뒷전으로 밀렸고 서민은 세금의 긍정적 효력을 느낄 수 없었다.

그러면 우리보다 조세부담률이 높은 서구의 국민들은 세금을 어떻게 생각할까? 이들은 2차대전 전후 사회복지를 강조하는 좌파 권력이 들어서면서 획기적인 복지 혜택을 맛보았다. 이러한 '사회복지 체험'에 기초하여 국민은 국가 재정의 필요성을 공감하고 소득에 따라 세금을 많이 내는 고세금 고복지 체제를 인정해왔다. 민중에 대한 착취 수단이었던 세금이 사회연대를 위한 재원으로 전환된 것이다.

이런 점에서 볼 때 우리나라 국민들의 조세 저항은 세금의 액수보다는 형평성 문제에서 비롯되었을 가능성이 크다. 그래서 노동자와 자영자 간의 조세 형평성이 항상 도마 위에 오른다. 자영자와 비교하면 노동자는 연금보험료가 억울하게 빠져나가는 것 같다. 보통 직장 봉급자의 호주머니가 유리지갑으로 비유된다. 이는 유리지갑에 담긴 봉급자의 소득은 그 내역이 낱낱이 드러나기 때문에 자영자에 비해 세금이나 보험료를 더 부담한다는 생각을 반영한 말이다. 이 때문에 노동자들은 공적 재정을 통한 사회복지 확대를 요구하면서도 재원 마련에는 반발하는 모순적인 태도를 보여왔다.[36)]

그렇다면 실제로 노동자가 지역 가입자에 비해 손해를 보는지 살펴보자. 2005년 국민연금에 가입한 사업장 가입자의 평균 과세소득은 186만 원이고, 도시 지역 가입자 평균 신고소득은 111만 원이다. 이것만으로 보자면 당연히 소득이 높은 사업장 가입자가 손해를 보고 있다고 생각할 수 있다. 독자들은 당연한 이야기를 왜 하느냐고 반문하겠지만, 이에 대해서는 논란의 여지가 있다. 우선 다음 두 가지를 확인하고 가자.

첫째, 국민연금에서 사업장이든 지역이든 가입자가 절대적으로 손해를 보는 경우는 발생하지 않는다. 최상위 소득등급 360만 원으로 등록된 가입자의 경우 월 33만 원을 납부하지만 나중에 받는 연금액은 자신이 낸 것의 1.7배이다. 사보험이 제공하는 0.8배 안팎의 수익에 비하면 엄청난 수혜다.

둘째, 사업장 가입자는 보험료를 많이 내는 만큼 지역 가입자보다 절대적으로 많은 연금액을 지급받는다. 국민연금에서 미래에 수령할 연금액은 보험료와 비례해서 커진다. 동일한 급여가 주어지는 건강보험과 달리 연금산식에 비례부문이 포함되어 있기 때문이다.

하지만 이렇다 하더라도 의문은 남는다. 아무리 낸 것보다 더 받는다 해도 지역 가입자들이 소득을 축소 신고해 더 높은 수익비를 얻는 것은 형평성에 어긋나기 때문이다. 그렇다면 사업장 가입자와 지역 가입자의 보험료 구성을 떠올려보자. 사업장 가입자 보험료의 절반은 고용주가 부담한다. 〈표 15〉를 보면 월급이 159만 원인 근로자의 경우, 임금명세서에서 연금보험료 7만 1,500원이 빠져나가지만 고용주가 같은 금액을 납부하므로 실제는 두 배인 14만 3,000원을 낸 셈이다.

이제 본인부담 보험료 대비 수익비를 계산해보자. 전액을 본인이 부담하는 지역 가입자 수익비 3.5배에 비해 노동자는 더 높은 4.8배의 수익비를 얻는다. 이렇게 본인부담 대비 보험료를 기준으로 사업장 가입자와 지역 가입자를 비교하면, 사업장 가입자는 어떤 지역 가입자보다도 국민연금의 수혜를 더 입고 있는 셈이다.

국민연금 수익비와는 별개로 남는 문제가 저소득 가입자의 보험료 부담이다. 연금 수익비가 아무리 높다 하더라도 당장 보험료를 내기 힘든 가입자에게 국민연금이 반가울 리 없다. 앞서 언급한 것처럼 전체 노동자의 56.1%인 840만 명이 비정규직 노동자이고, 그들의 월평균 임금은 112만 원에 불과하다. 이들은 지역 국민연금에 속해 있다면 월 10만 원을, 2003년 이후 5인 미만 사업장 확대 조치로 인해 사업장 가입자로 전환되었다면 월 5만 원을 연금보험료로 납부해야 한다. 비정규직 근로자를 고용하고 있는 회사 역시 노동자 1인당 절반의

〈표 15〉 소득신고 축소에 따른 보험료와 급여의 형평성 비교[37]

	실제 소득자 A	소득 축소자 B	비교
사례	사업장 가입자 (과세소득 159만 원)	지역 가입자 (신고소득 80만 원)	A : 국세청 과세소득 B : 국민연금관리공단 신고소득
보험료 절대액	14만 3,000원	7만 1,500원	A 높음
본인부담 보험료	7만 1,500원	7만 1,500원	동일
보험료 수익비	2.4배	3.5배	B 유리
본인부담 수익비	4.8배	3.5배	A 유리

보험료를 마련해야 한다. 특히 조그만 구멍가게를 운영하는 자영자의 경우 실제 소득이 100만 원이라면 이 중 연금보험료로 9만 원을 납부해야 하니 사정은 더 어렵다. 저소득 계층은 사업장, 지역 가릴 것 없이 보험료 부담에서 자유롭지 않은 처지에 놓여 있다.

우리나라의 국민연금 보험료율(9%)은 이미 공적연금 제도가 성숙 단계에 들어선 서구의 연금보험료율(16~20%)에 비해 낮다. 그럼에도 보험료에 대한 가입자의 불만은 비교할 수 없을 만큼 크다. 이는 아직 국민연금의 혜택을 누려보지 못한 역사적 한계 때문이기도 하지만 근본적으로는 보험료 납부 과정에 대한 불신이 강하기 때문이다. 비록 사업장과 지역의 보험료 비형평성 문제는 노동자들이 고용주로부터 절반을 지원받아 금액 면에서 일부 상쇄되기는 하지만, 미비한 소득

파악에서 비롯되는 형평성의 문제는 금액으로 무마될 수 있는 수준을 넘는다. 또한 IMF 금융 위기 이후 광범위한 궁핍화로 인해 서민의 생활은 여전히 어렵다. 이런 상황에서 이들에게 부가되는 9%의 연금보험료는 감내하기 힘든 부담이다. 이처럼 우리가 겪고 있는 연금보험료 문제는 아무리 좋은 제도라 하더라도 그 나라의 사회경제적 인프라와 조응해야만 제대로 순기능을 발휘할 수 있다는 사실을 보여준다.

2. 국민연금 지속 가능한가

국민연금은 5년마다 장기 재정을 추계(推計)하고, 이에 근거하여 보험료율과 급여율을 조정한다. 1998년에 개정된 국민연금법 제4조는 "5년마다 국민연금의 재정수지에 관한 계산을 실시하고, 국민연금의 재정 전망과 연금보험료의 조정"을 할 것을 규정하고 있다. 이는 우리나라 국민연금과 같은 수정적립방식 연금에서 장래의 재정 불안을 사전에 진단하고 대비하기 위한 필수 조치이다.

국민연금법 규정에 따라 최초로 재정계산이 실시된 해는 2003년이다. 정부는 2002년 3월 보건복지부 산하에 정부 관료, 가입자 대표, 전문가 등이 참여한 국민연금발전위원회를 구성하고 국민연금 장기 재정추계 작업을 수행했다. 이 과정에서 출산율, 분석기간 등 재정추계 방식에 대한 가입자 단체의 비판이 제기되기도 했으나 정부와 전문가들이 주도하는 분

〈표 16〉 현행 제도 유지 시 장기 재정 전망(단위 : 10억 원)[38]

연도	적립 기금	수입	지출	수지차	적립률(%)	보험료율(%)	적립 기금(2000년 불변가격)
2002	92,798	19,513	2,210	17,303	34.2	9.00	86,547
2010	328,694	50,080	11,094	38,986	26.1	9.00	241,995
2020	908,028	109,073	35,010	74,064	23.8	9.00	497,441
2030	1,581,638	170,648	111,103	59,544	13.7	9.00	644,728
2035	1,715,359	186,032	181,177	4,855	9.4	9.00	603,168
2036	1,702,972	189,069	201,456	**-12,387**	8.5	9.00	581,372
2040	1,447,808	191,224	289,188	-97,964	5.3	9.00	439,146
2047	**-96,159**	139,326	473,542	-334,216	0.5	9.00	-23,715
2050	-	154,610	561,966	-407,356	-	9.00	-
2060	-	201,822	895,032	-693,210	-	9.00	-
2070	-	271,210	1,286,469	-1,015,259	-	9.00	-

위기에서 2003년 여름, 재정추계 결과가 공개되었다. 국민연금발전위원회의 분석은 현행 보험료율 9%, 급여율 60%를 유지할 경우, 국민연금은 2036년에 수지 적자, 2047년에 재정 고갈을 맞게 된다는 것이었다.(〈표 16〉)

국민연금 고갈론이 제기되자 언론이 이를 대대적으로 보도했고, 국민연금에 대한 불신은 극도로 증폭되었다. 지금도 소득의 9%를 어렵게 보험료로 내고 있는데 미래에 연금이 고갈되고, 그렇게 되면 후세대가 소득의 30% 이상을 보험료로

납부해야 한다니 가입자들이 놀라는 것은 당연하다.[39)]

그렇다면 국민연금은 왜 고갈되는가? 이 원인은 급속한 고령화와 연금의 고수익비에서 찾을 수 있다. 우선 고령화 문제부터 살펴보자. 고령화는 미래에 연금을 받을 사람에 비해 보험료를 낼 사람이 상대적으로 적어진다는 것을 의미한다. 한국의 고령화는 세계적으로 유례없이 빠르게 진행되고 있다. 2000년에 65세 인구가 전체 인구의 7%에 이르는 고령화사회로 진입한 우리나라는 2018년에 고령사회(14%)를 거쳐 2025년에 초고령사회(20%)로 접어든다고 한다. 고령화사회에서 초고령사회가 되기까지 100년 정도 걸린 서구에 비해 무척 빠른 속도이다. 그런데 문제는 이러한 고령화에 사회정책적으로 대응하기가 쉽지 않다는 데 있다. 인간의 수명이 늘어나는 것을 인위적으로 막을 수는 없기 때문이다.

여기서 고령화가 국민연금 재정에 미치는 과정을 주의 깊게 살펴볼 필요가 있다. 만약 국민연금이 완전적립방식, 즉 가입자가 나중에 자신이 받을 연금을 미리 보험료로 전액 적립해 놓는다면 고령화는 재정 불안에 아무런 영향을 미치지 않는다. 결국 국민연금에서 고령화가 문제 되는 이유는 거두는 보험료와 지급하는 연금이 일치하지 않는 불균형구조에 국민연금 재정이 토대를 두고 있기 때문이다.

국민연금 가입자는 대부분 납부한 보험료보다 2배 이상의 연금액을 수령한다. 이 점을 고려해볼 때 인구 고령화가 진행되지 않더라도 고수익비를 유지하는 한 연금 가입자가 대부분 수급자가 되는 시점에 이르면 기금은 소진되고 만다. 이러한 국민연금의 고수익비는 기금 고갈을 야기하는 제도 내부의 본질적 원인이며, 인구 고령화는 이를 재촉하는 외부적 원인이다. 여기서 인구 증산 정책이 국민연금 재정에 미치는 함의에 주목할 필요가 있다. 출산율을 제고하여 가입자를 늘리면 재정 불안을 단기적으로 완화시킬 수는 있다. 하지만 출산율이 높아져 신규 가입자가 늘어나더라도 수익비가 변하지 않는 한 이들 역시 결국에는 연금 재정을 압박하는 고수익 수급자로 전환된다. 따라서 국민연금의 미래 재정 불안에 대비하는 근본적인 방안은 출산율 제고가 아니라 수익비 조정이라는 결론에 이르게 된다.[40)]

현행 수정적립방식의 재정 문제를 선명히 드러내기 위해 여러 재정 시나리오를 상정해본 결과가 〈표 17〉이다. 우선 현세대 가입자 개개인이 후세대에 아무런 부담을 주지 않도록 나중에 받을 연금만큼 보험료를 납부한다고 가정해보자. 이것은 국민연금을 완전적립방식으로 설계하는 경우로, 이때 필요보

〈표 17〉 국민연금 재정안정화를 위한 필요보험료율

(60% 급여율 기준)[41)]

항목	개별 가입자 완전적립	2070년 2년분 적립	2047년 고갈 후 부과방식 전환
필요보험료율(%)	18.6	19.85*	39.1

* 현행 9%인 필요보험료율은 2010년 11.17%로 시작해 5년마다 2.17%P씩 인상하여 2030년에 19.85%에 도달한다.

험료율은 18.6%다. 국민연금에 가입하는 사람이 처음부터 현행 9%인 보험료율 대신 18.8%를 낸다면 자신의 미래 연금액은 자신이 충당하게 된다.

반대로 현행 제도를 그대로 유지한다면 기금 고갈은 피할 수 없다. 물론 기금 고갈로 인해 국민연금이 지급 불능에 빠지거나 폐지되는 것은 결코 아니다. 서구의 공적연금처럼 연금 제도가 부과방식으로 바뀌는 것이다. 이렇게 전환될 경우 후세대가 짊어질 부담이 크게 늘어난다. 연금 지급을 위해 필요한 보험료율이 2050년에 30.0%, 2070년에 39.1%가 될 것이다.

이처럼 국민연금을 완전적립방식으로 전환할 경우에는 현세대의 부담이, 부과방식으로 전환할 경우에는 후세대의 부담이 커진다. 따라서 지금 조건에서 국민연금을 급격히 완전적립방식으로 전환하거나 기금 고갈을 모른 체하며 현행 제도를 방치하는 가정은 현실성이 거의 없는 방안이다.

대신 현세대에 부여된 피할 수 없는 과제는 현행 고수익비를 완화해 후세대의 부담을 줄여야 한다는 것이다. 국민연금법이 정한 5년 주기 재정조정 제도 역시 이러한 취지에서 만들어졌다. 국민연금발전위원회의 대안은 수익비를 낮추어 기금 잔고를 2070년까지 유지한다는 내용이다. 현행 60%의 급여율을 유지할 경우 2070년에 2년 지급분 예비 재정만 남겨 둔다고 가정하면 필요보험료율은 19.85%여야 한다. 이에 정부는 필요보험료율을 낮추기 위하여 급여율을 50%로 인하하고 필요보험료율을 15.9%로 조정하는 국민연금 개정안을 제출한 상태다.

하지만 이 개정안은 후세대 부담을 완화하자는 국민적 공감대를 조성하기는커녕 가입자들의 반발만 불러일으키고 있다. 국민연금에 대한 불신이 워낙 강한 탓에 가입자들이 보험료율 인상을 수용하기 어려운 상황이고, 기금 고갈에 대한 불안이 넓게 퍼져 있기 때문이다.

3. 국민연금 = 용돈연금

노무현 대통령은 2002년 12월 대통령선거 막바지에 열린 TV토론회에서 이렇게 말했다. "이회창 후보는 연금 지급액을 월급여의 40%로 깎아야 한다고 공약했다. 이는 잘못된 것이다. 국민연금기금의 수지를 맞추기 위해 연금 지급액을 깎는다면 (노후소득 보장이라는) 본질을 훼손하는 것이다. 이렇게 되면 연금 제도가 아니라 용돈 제도다."[42] 이 말로 노무현 후보는 당시 국민들이 국민연금에 대해 느끼던 불만을 속 시원히 대변했다. 그런데 그는 임기 첫 해에 국민연금액을 인하하는 개정안을 제출했다.

사실 우리나라 국민연금의 공식 급여율은 낮은 편이 아니다. 노동자의 입장에서 국제적 기준을 정하는 국제노동기구(ILO)가 권고하는 수준인 60%다. 그런데 왜 국민연금은 용돈연금이라고 조롱받는가? 앞에서 밝혔듯이 필자는 63세가 되는 2027년부터 매월 43만 원의 연금을 받을 예정이다. 필자의 연금액은 소득 수준이나 가입기간을 고려할 때 전체 가입자의 중간 정도에 해당된다. 그렇다면 과연 연금액 43만 원을 어떻게 평가해야 하는가? 왜 국민연금 급여율이 60%임에도 연금액은 충분치 않은가?

우선 국민연금의 43만 원이 사보험 상품에 명시된 43만 원과 다르다는 점을 다시 확인해 두자. 사보험에서 제시되는 예상연금액이 경상금액임에 반하여 국민연금의 예상연금액은 현재 불변가격 금액이다.

그러면 월 43만 원으로 노후를 보낼 수 있는가? 아무리 긴축 생활을 하더라도 이 금액으로는 불가능하다. 다른 노후 자산이 없다면 필자의 노후 생활은 순탄치 않을 것이다. 우리나라 국민연금 급여율이 ILO가 규정한 수준임에도 불구하고 연금액이 적은 원인은 가입기간에 있다. 연금액 산정에 중요 변수인 국민연금 가입기간이 짧기 때문이다. 가입기간은 제도가 도입된 시점과 가입자의 소득지속 능력에 따라 달라진다. 우리나라 국민연금은 역사가 길지 않아 가입기간이 20년인 가입자가 아직 없다. 필자 역시 지금부터 한 해도 빠지지 않고 연금 수급 개시연령인 63세까지 보험료를 납부해야 가입기간이 22년이 된다.

역사가 짧기 때문에 비롯되는 가입기간 문제는 불가피한 일이다. 그러면 국민연금이 80여 년의 역사를 가지게 되는 2070년에 가입자의 평균 가입기간은 어떠한가? 국민연금발전위원회의 추계 결과에 따르면 이때도 가입자의 평균 가입기간은 21.7년에 불과하다. 국민연금에 가입했지만 보험료를 내지 않는 납부예외자나 체납자가 많기 때문이다. 국민연금에 대한 불신으로 국민들이 국민연금을 회피하고, 소득 파악의 미비로 여전히 많은 납부예외자가 존재하며, 여성의 경우 결혼 후 일을 그만두는 상황에서 평균 가입기간은 앞으로도 크게 늘어나지 않을 전망이다.

〈표 18〉은 국민연금 가입자가 가입기간에 따라 받을 수 있는 예상연금액이다. 만약 2006년에 166만 원을 버는 노동자가 국민연금에 가입하여 가입기간 40년을 완전히 채울 경우 수령하는 연금액은 97만 원이다. 이 정도 금액이면 자녀가 경제적으로 독립한 퇴직 이후 생활에 도움이 될 것이다. 하지만 가입기간이 20년일 경우 급여율이 절반으로 낮아지므로 연금액이 48만 원으로 줄어든다.

이와 같이 국민연금 가입자들이 계속 보험료를 납부할 수 있는 경제적 여건이 마련되지 않는 한 평균 가입기간은 짧을 수밖에 없고, 미래 연금액도 용돈의 성격을 벗어나기 어렵다.

〈표 18〉 가입기간별 · 소득수준별 예상연금액

(2006년 기준 금액, 단위 : 만 원)[43]

소득 / 가입기간(년)	하위 소득자 (37만 원)	중하위 소득자 (85만 원)	**중상위 소득자 (166만 원)**	상위 소득자 (280만 원)	최상 소득자 (360만 원)
20	29	36	**48**	65	77
30	37	54	**73**	98	116
40	37	72	**97**	103	155

게다가 다른 나라의 노인들은 연금급여 외에 다양한 사회복지 서비스를 받고 있는 데 반하여, 우리나라 노인들은 개개인이 수령한 연금으로 시장에서 노후서비스를 구입해야 하는 불리한 처지이다. 국민연금이 '효자' 라고 선전되고 있지만 연금액도 적고 사회복지 서비스도 취약한 상황에서 노인 세대가 국민연금에 노후를 의지하기는 쉽지 않을 듯하다. 결국 연금보험료를 납부할 수 없는 사각지대가 방치되는 한, 평균 가입기간은 늘지 않고 국민연금은 '용돈연금론' 에 계속 붙잡혀 있게 될 것이다.[44]

4. 서민에게 오히려 먼 국민연금

어떠한 제도도 사각지대는 있기 마련이다. 그렇다 해도 국민연금의 경우는 정도가 너무 심하다. 나중에 국민연금의 급여를 받을 수 있는 사람보다 그렇지 않은 사람이 더 많다. 정부가 국민연금 개정안을 국회에 제출했지만 시민사회단체가 한 목소리로 개정안에 반대하고 있는 주요 이유도 개정안이 사각지대를 외면하고 있기 때문이다.

국민연금의 사각지대는 지금 노인 중 국민연금의 혜택을 입지 못하는 현재의 사각지대와 앞으로 노인이 되었을 때 국민연금을 받지 못하는 미래의 사각지대로 구분된다. 먼저 현재 사각지대부터 살펴보자.

현재 노인을 위한 생계지원 제도로 경로연금이라는 것이 있다. 경로연금은 이름은 연금이지만 적용 대상이 제한적이고 금액이 크지 않은 일종의 공적부조다. 이 연금은 국민연금이 도시 지역으로 확대 적용되던 1999년 당시 이미 65세가 넘어 국민연금에 가입할 수 없었던 노인 중 일부 저소득층을 위해 마련한 제도다. 기초생활보장제도 수급자와 차상위 계층의 저소득 노인에게 경로연금이라는 이름으로 월 3~5만 원씩 지급된다. 2005년에 65세 이상의 노인 인구 438만 명 중에서 14.1%인 62만 명이 경로연금을 받았다.

일반적으로 노인을 위한 공적 노후보장 제도는 공적부조가 아니라 공적보험이다. 우리나라에서 공적연금으로 명실상부한 지위를 가진 제도는 공무원연금, 사학연금, 군인연금 등 특수직역연금이다. 현재 전체 노인의 3.1%만이 특수직역연금을 받고 있다. 국민연금은 20년 이상 가입한 기본연금 수급자를 아직 배출하지 못한 상태여서, 국민연금을 받고 있는 162만 명 수급자 대부분이 특례연금, 유족연금 수령자다.

각각 성격이 다르고 수령 금액에도 큰 차이가 있지만, 형식적이나마 국가가 제공하는 공적 노후보장 제도를 모두 모으면 특수직역연금, 국민연금, 경로연금이 될 것이다. 〈그림 3〉에서 보듯이 전체 노인의 30.7 %인 135만 명만이 이 세 가지 공적 제도에 속하고, 나머지 69.3%인 303만 명은 공적 지원의 사각지대에 있다. 만일 금액이 3~5만 원에 불과한 경로연금을 제외한다면 사각지대는 전체 노인의 75%로 확대된다.[45]

국민연금이 성숙되는 미래에는 어떠할까? 현재 20~59세에 속한 사람들은 나중에 모두 국민연금을 받을 수 있을까? 그렇지 않다. 현재의 젊은 세대가 노인이 되었을 때, 공적연금을 받을 수 있는 사람 역시 42.9%에 불과할 것이라고 전망된다. 〈표 19〉를 살펴보면 20~59세 인구 2,888만 명 중 나중에 국민연금을 받을 수 없는 사람이 전체 57.1%를 차지한다. 비경제활동인구, 실업자 및 불완전 취업자 등 국민연금 미가입자가 많고 국민연금 가입자 중에도 납부예외자와 보험료 미납자가 있기 때문이다. 이들은 연금보험료를 납부하지 못한 까닭에 나중에 사각지대에 있게 된다.

한나라당과 민주노동당은 사각지대를 해소하기 위해 기초연금제를 도입하여 65세 노인에게 일정 연금액을 지급하자고 주장하고 있다. 지난 6월 국민연금 해결사로 임명된 보건복지부 유시민 장관도 노인 45%에 매달 8만 원씩 지급하는 기초노령

〈그림 3〉 65세 이상 노인 중 공적소득보장 수혜자 비율

(2005, 단위 : %)[46]

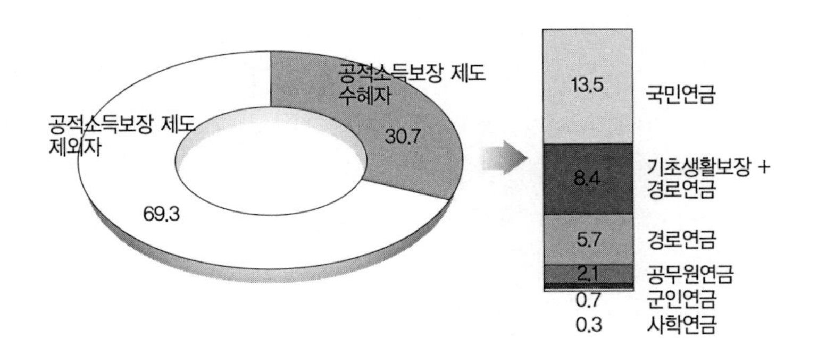

〈표 19〉 20~59세 총인구 대비 공적연금의 잠재적 사각지대 전망(2005년 12월)[47]

<table>
<tr><td colspan="6">20~59세 총인구
2,888만 명(100.0%)</td></tr>
<tr><td>비경제활동인구
785만 명</td><td colspan="5">경제활동인구
2,102만 명</td></tr>
<tr><td></td><td>실업자
불완전 취업자
254만 명</td><td colspan="4">완전 취업자
1,848만 명</td></tr>
<tr><td></td><td></td><td colspan="3">국민연금 적용 대상
1,713만 명</td><td>특수연금
135만 명</td></tr>
<tr><td></td><td></td><td>납부예외자
464만 명</td><td colspan="2">소득신고자
1,249만 명</td><td></td></tr>
<tr><td></td><td></td><td></td><td>미납자
145만 명</td><td>보험료 납부자
1,104만 명</td><td></td></tr>
<tr><td>27.2%</td><td>8.8%</td><td>16.1%</td><td>5.0%</td><td>38.2%</td><td>4.7%</td></tr>
<tr><td colspan="4">잠재적 사각지대
1,648만 명(57.1%)</td><td colspan="2">잠재적 수급권자
1,240만 명(42.9%)</td></tr>
</table>

연금제를 제안했다. 한나라당과 민주노동당이 기초연금에 턱없이 부족한 액수라며 반대하고 있지만 기초노령연금제는 이후 전개될 논의에서 주요한 준거 기준이 될 것이다. 국민연금에 대한 논란이 심화되면서 우리 사회의 노후 빈곤과 노후 사각지대 문제가 점차 부각되고 그 대책도 조금씩 구체화되고 있는 셈이다.

5. 기금 함부로 가져다 쓰기

사람들이 국민연금을 불신하는 이유 중에는 기금운용에 대한 의혹도 있다. 국민연금관리공단이 기금을 주식에 투자하면서 기금에 막대한 손실을 끼치고 있다는 비판이 있어 왔다. 이러한 비판이 언론에 의해 다소 과장되어 보도되긴 했지만, 그렇다고 정부가 이것에 대한 책임에서 자유로울 수는 없다. 여기서는 국민연금의 기금운용 문제를 살펴보자.

국민연금관리공단이 국민연금기금을 주식에 투자하여 손실을 입히고 있다는 주장은 사실인가? 일단은 사실이다. 주식에 투자해서 손해를 입은 사례가 있기 때문이다. 그러나 이 사실만을 두고 손실 여부를 단순히 평가할 문제는 아니다. 2006년 6월 기준 국민연금관리공단이 주식시장에서 투자하고 있는 종목이 500여 개에 이르고 5% 이상 지분을 보유한 종목도 71개이다.[48] 그런데 가끔 언론에서 보도되는 손실은 단일종목에 대한 투자 손실일 경우가 대부분이다. 이런 점에서 볼 때 개별 종목에 대한 평가만으로 다양한 종목을 대상으로 중장기 투자를 하는 국민연금기금을 평가하는 것은 적합하지 않다. 여러 투자 종목 중 특정 종목의 주가가 떨어졌다고 해서 전체 주식 투자에 실패했다고 할 수는 없다.

사실 국민연금기금의 운용 실적은 일반적인 생각과 달리 매우 양호하다. 외국의 다른 공적기관 투자에 비해서 높은 수익을 얻고 있다. 이는 국내에서 보장된 안정적인 채권 수익과 근래 주식시장의 성장에 따른 것이다. 〈표 20〉에서처럼 2005년에 국민연금기금 164조 원은 채권에 86%, 주식에 12%가 투자되고 있다. 이러한 투자를 통해 국민연금기금이 지금까지 벌어들인 수익이 62조 원이다. 국민연금관리공단이 보유한 국

〈표 20〉 국민연금기금운용 누적 결과(1988~2005)[49]

구분	공공부문 *	복지부문 **	금융부문				계
			채권	주식	기타	소계	
기금액(억 원)	0	6,682	1,414,718	203,949	14,265	1,632,932	1,639,614
비중(%)	0.0	0.4	86.3	12.4	0.9	99.6	**100**
수익률(%)	8.26	7.97	6.74	23.75	7.09	8.53	8.44
수익금(억 원)	190,827	6,125	289,812	123,477	10,394	423,683	620,635

* 공공부문은 과거 공공자금 예탁으로 비중이 높았으나 2005년에 모두 회수되었다.

** 복지부문에는 비복지부문(회관 신축 및 임대비용, 임시 기금보관금 등)이 포함된 것이다.

민연금기금 164조 원은 102조 원의 보험료 수입과 62조 원의 기금운용수익으로 이루어진 것이다. 그리고 전체 금융부문 투자에서 주식의 수익률이 23.75%로 가장 높다. 전체 62조 원의 기금수익 중 지금까지 주식 투자로 벌어들인 돈이 총 12조 원을 넘는다.[50)]

따라서 주식 투자와 관련한 실제 쟁점은 국민연금관리공단이 주식에 투자해서 얼마나 많은 수익을 올렸느냐보다는 국민의 노후예탁금이 불안정한 주식시장에서 운용되는 것이 옳은가여야 한다. 지금까지 노동계가 국민연금기금의 주식 투자에 대하여 비판의 목소리를 높여왔고, 언론에서도 주식 투자의 위험을 강조해왔다. 그렇지만 이는 국민연금기금운용 자체로는 풀기 어려운 과제다. 2005년 국채 시장의 26%를 국민연금기금이 차지하고 있다.[51)] 늘어나고 있는 기금을 운용할 국내 채권 시장이 자꾸만 줄어들고 있어 주식 투자를 막을 수도 없는 형편이다.

하지만 그렇다고 해서 정부의 국민연금기금운용에 잘못이 없었던 것은 아니다. 정부는 국민연금기금운용에서 두 가지 잘못을 범했다. 하나는 정부가 강제로 기금을 공공자금으로 예탁시켜 사용한 것이고, 다른 하나는 이렇게 기금을 사용하면서 이자를 제대로 지급하지 않은 것이다.

먼저 국민연금기금의 공공자금 강제예탁 문제에 대해 알아보자. 1993년 김영삼 정부는 국민연금기금, 국민체육진흥기금, 우체국 예금 등을 공공자금으로 사용하기 위하여 공공자금관리기금법을 제정했다. 이 법 제5조에 따르면 국민연금기금을 비롯한 공적기금은 공공자금관리기금운용위원회(위원장 : 재정경제부 장관)의 결정에 따라 강제예탁되어야 한다. 이에 국민연금기금 역시 대부분 관계 장관들로 구성된 공공자금관리기금운용위원회의 결정에 따라 예탁되었으며, 이자율도 위원회에 의해 임의로 설정되었다.

그런데 국민연금기금은 다른 공적 기금과 달리 가입자의 보험료로 조성되고 이후 가입자에게 연금으로 돌려주어야 하는 가입자의 자산이다. 국민연금기금을 재정경제부가 임의로 사용하는 것은 가입자의 입장에서는 용납할 수 없는 일이었다.

이후 노동계, 시민단체가 공공자금 강제예탁 제도에 대해 비판을 제기하자 정부는 국민연금기금을 계속 공공자금으로 사용할 수 없었다. 이에 1999년 1월 공공자금관리기금법이 개정되었다. 이 개정에 따라 국민연금기금의 공공자금 의무예탁 비중이 1999년에는 기금의 65%, 2000년에는 40% 이내로 한정되었고, 2001년부터는 금지되었다. 1994~2000년까지 강제예탁된 국민연금기금은 총 39조 원으로, 이 기금은 순차적인 상환을 거쳐 2005년에 모두 회수되었다. 현재 국민연금의 기금은 강제예탁되지 않는다.

두 번째 문제는 강제예탁 제도보다 더 심각하다. 정부는 국민연금을 강제예탁해 공공자금으로 사용하면서 시중 금리보다 낮은 이자율을 적용했다. 이로 인해 국민연금기금에 이자 차이(이차)만큼의 손실이 발생했다. 이 문제가 불거지자 1997년 9월 공공자금관리기금운용위원회는 이를 해결하기 위하여 '공공자금관리기금 예탁 및 재예탁 결정기준 개정안'을 마련했다. 개정안은 공공자금 예탁수익률이 국민연금기금의 일반 수익률보다 낮을 경우, 그만큼의 이자 차액을 정부가 보전해 주도록 했다.

국민연금기금이 공공자금으로 예탁되더라도 최소한 시장이 자율은 보장받도록 조치가 취해진 것이다.

공공자금관리기금 예탁 및 재예탁 결정기준 제4조(보전 이자의 지급)

관리기금에 예탁하는 기금 등이 금융기관 등에 운용하여 얻은 전년도 민간부문 운용수익률(주식 투자로서의 운용을 제외한다)과 관리기금이 지급한 예탁이자에 의하여 기금 등이 얻은 예탁수익률 간에 차이가 발생하는 경우 그 차이를 보전이자율로 하여 보전이자를 지급할 수 있다.

그러나 이 규정은 지켜지지 않았다. 1998년부터 2003년까지 발생한 이차 총액은 무려 2조 6,776억 원이다. 지난 1999년과 2000년 1월, 국민연금기금 주관부처인 보건복지부가 1998년, 1999년 이차 손실액을 재정경제부에 보전 요청했으나 재정경제부는 이를 거부했다. 이 문제는 2004년 국정감사에서 민주노동당 심상정 의원이 이차 보전을 요구하면서 다시 불거졌고, 2006년 5월 사회연대연금 노동조합(구 국민연금관리공단 노동조합)은 이차 보전을 요구하는 국민 서명을 재정경제부에 전달하기도 했다.

아직도 정부는 국민연금기금의 강제예탁에 따른 이차 손실액에 대해 모르쇠로 일관하고 있다. 규정 자체가 보전 이자를 '지급해야 한다'가 아니라 '지급할 수 있다'는 임의조항이라는 것이다. 2004년 국정감사에서 문제가 제기된 후, 2005년 1월 국민연금기금을 총괄심의하는 국민연금기금운용위원회가 재정경제부에 다시 이차 보전을 요구하는 공문을 보냈으나 재정경제부는 여전히 임의규정이라며 지급을 거부하고 있다.

이차 미보전 문제는 정부가 국민연금에 대하여 얼마나 독선적인지를 보여주는 좋은 사례이다. 국민연금기금의 강제예탁과 예탁 과정에서 발생한 이차 미보전 문제에서 비롯된 국민의 불신이 얼마나 심각한지를 정부는 깨닫지 못하고 있다. 이런 상황에서 더 내고 덜 받는 정부 개정안을 국민이 수용하기는 어렵지 않을까.[52]

제 4 장

국민연금 무엇을 어떻게 고쳐왔나

정부와 국회가 3년째 국민연금법 개정안을 두고 논란을 벌이고 있다. 현재 각 정당에서 제출한 10여 개의 개정안이 국회에 상정되어 있고, 지난 6월 유시민 장관은 다시 수정안을 내놓았다. 언론과 관련 학회들도 수시로 국민연금에 대해 토론을 벌이고 있으나 해결 방향은 모아지지 않고 있다.

여기서는 국민연금 개혁을 위해 제안된 여러 개정안을 살펴볼 것이다. 국민연금이 지닌 문제점을 지적하는 데에는 개정안마다 큰 이견이 없지만 그 개혁 방향의 내용에서 많은 차이를 보이고 있다. 이 장에서는 국민연금법이 처음 개정되었던 1998년 논의부터 최근 유시민 장관이 제안한 수정안까지 국민연금을 둘러싼 여러 개혁 방안을 비교, 평가하면서 문제의 본질에 좀 더 접근해보고자 한다.

1. 국민연금법 첫 개정

1988년에 시행된 국민연금은 초기 가입자에게 상당히 유리한 가입 조건을 제시했다. 당시 국민연금은 3%의 보험료율로 시작했지만 20% 이상의 보험료율에서만 가능한 급여율 70%를 보장했다. 이에 시행 10년이 된 1998년에 정부와 국회는 국민연금의 고수익성을 완화하는 방향으로 국민연금법을 개정했다. 이때 가입자에게 국민연금기금의 운용에 대한 책임을 부여하기 위하여 가입자 대표의 참여를 확대하는 내용도 포함되었다. 주요 개정 내용은 다음과 같다.

첫째, 국민연금 급여율을 70%에서 60%로 인하했다. 당시 국민연금법을 개정하기 위해 구성된 국민연금제도개선위원회 기획단은 새로이 기초연금을 도입하되 총급여율을 70%에서 40%로 낮추는 방안을 제시했으나 보건복지부는 현행과 같은 국민연금 구조를 유지하면서 급여율을 55%로 인하하는 정부안을 채택했다. 하지만 국회 심의과정에서 너무 많이 낮춘다는 비판이 제기되어 현행 60%로 최종 결정되었다.

둘째, 국민연금이 지닌 소득재분배 기능이 다소 축소되었다. 애초 국민연금의 급여산식에서 균등부문과 비례부문의 비율은 1 : 0.75였다. 균등부문의 비중이 클수록 국민연금의 소득재분배가 강화되고, 비례부문의 비중이 클수록 낸 만큼 받아가는 비례성이 높아진다. 개정안에서는 균등부문과 비례부문의 비율을 1 : 1로 수정했다. 도시 지역으로 국민연금이 확대되면서 높은 소득재분배 효과가 오히려 지역 가입자의 소득축소신고를 조장할 수 있다는 우려를 일부 반영한 것이다.

셋째, 연금 지급 개시연령이 2013년부터 5년을 주기로 1세씩 늦추어 2033년에 65세가 되도록 했다. 개시연령이 늦어지면 그만큼 연금 지급기간이 줄어들어 연금의 재정 부담이 완화된다. 처음에는 60세에 연금을 지급하겠다고 약속해놓고 이제 와서 연금 지급시기를 미룬다는 항의가 제기될 수 있지만 외국 공적연금의 지급 개시연령이 이미 65세 안팎이라는 점을 감안하면 불가피한 조치였다.

넷째, 5년 주기로 국민연금 미래 재정을 추계하고 이에 맞추어 제도를 조정하는 조항이 법제화되었다. 국민연금이 장래 연금수령액을 확정해놓는 '확정급여형' 이므로 연금 지급을 위한 재정을 준비하도록 사전에 보험료율과 급여율을 조정하는 장치가 마련된 것이다. 이에 따라 법 개정 5년 후인 2003년 국민연금 1차 재정추계가 이루어졌고 이를 기초로 정부 국민연금 개정안이 제출되었다.

다섯째, 국민연금기금운용위원회의 개편을 통해 가입자의 참여를 늘렸다. 당시 국민연금기금운용위원회에는 가입자단체 위원수가 전체 15인 중 7인으로 과반수에 미치지 못했으나, 전체 위원 21인 중 가입자단체 위원이 12인인 구조로 개편되었다. 형식적이나마 가입자의 대표성이 강화된 것이다. 이는 급여율 인하, 지급 개시연령 연장 등 가입자의 기득권을 약화시키는 국민연금 개정을 추진하면서 불거진 가입자의 비판을 누그러뜨리는 정부의 조치이자, 동시에 증가하는 국민연금기금의 운용 결과가 야기할 정치적 부담을 가입자와 공유하기 위한 방편이었다.

2. 재정안정화를 위한 2차 개정안

2003년은 최초로 5년 주기 재정추계가 행해지는 해였다. 정부는 2002년 3월부터 국민연금발전위원회를 구성하여 재정분석 작업을 진행했다. 마침내 2003년 초 국민연금발전위원회

〈그림 4〉 국민연금발전위원회 조정 방안

현행 제도		조정 방안
급여율 60%·보험료율 9%	→	1안 : 급여율 60%·보험료율 19.85%
		2안 : 급여율 50%·보험료율 15.85%
		3안 : 급여율 40%·보험료율 11.85%

는, 2036년에 국민연금의 재정이 적자로 돌아서고 2047년에 적립금이 고갈된다는 분석 결과를 내놓았다. 현재처럼 9%의 보험료를 내고 60%를 받는 방식으로는 국민연금 제도가 지속될 수 없다는 말이다.

국민연금발전위원회는 급여율 인하와 보험료율 인상이 불가피하다며 〈그림 4〉와 같은 세 가지 안을 조정 방안으로 제출했다. 현행 급여율 60%를 유지하기 위해서는 2030년까지 필요보험료율이 19.85%는 되어야 하며, 급여율을 50%로 낮추더라도 필요보험료율이 15.85%까지 인상되어야 한다는 것이다. 당시 국민연금발전위원회에 참가한 정부위원과 대다수 공익위원들은 2안을 선호했다. 마침내 정부는 2안을 수용하여 〈표 21〉처럼 급여율을 50%로 낮추고 보험료율은 2030년까지 15.9%로 올리는 안을 정부 개정안으로 확정했다.

사용자 단체는 정부의 재정추계는 인정하되, 급여율을 40%까지 낮추는 3안을 지지했다. 연금보험료의 절반을 부담해야 하는 사용자 단체로서는 가능한 한 필요보험료율이 낮은 방안

〈표 21〉 정부의 국민연금 급여율 · 보험료율 개편안(단위 : %)

	현행	2005	2008	2010	2015	2020	2025	2030
급여율	60	55	**50**	50	50	50	50	50
보험료율	9	9	9	10.38	11.76	13.14	14.42	**15.90**

을 선호했다. 한국경영자총협회는 낮아진 국민연금액은 퇴직연금으로 보충할 수 있다며 국민연금에 모든 것을 의지하는 단일 방식에서 벗어나야 한다고 주장했다.[53]

반면에 가입자 단체 대표로 참여한 민주노총과 한국노총은 재정추계의 타당성에 문제를 제기하며, 정부의 재정추계 결과를 인정하지 않았다. 노동계는 정부가 주도한 재정추계가 재정 위기를 과도하게 부풀리는 작업이었다며 새로운 추계를 요구했다.

참여연대 역시 재정추계 방식에 의문을 제기하며, 불명확한 재정추계 결과에 의존하여 급여율과 보험료율을 조정하기보다는 국민연금에 대한 국민의 신뢰를 회복하고 연금 제도 인프라를 강화하는 개혁을 선행해야 한다고 주장했다. 국민연금 제도의 틈새, 자영자의 소득파악, 국민연금기금운용체계 등 국민연금 관련 제도를 먼저 개혁하고, 급여율과 보험료율 조정은 다음 재정추계가 진행될 2008년의 분석 결과에 따라 결정하자는 제안이다.

정부 개정안에 대한 비판은 노동계, 참여연대를 넘어 농민, 여성단체로까지 확대되었다. 2003년 8월 19일 정부 개정안이

입법예고 되던 날, 가입자를 대표한 전국농민회총연맹, 민주노총, 한국노총, 참여연대, 전국여성단체연합 등 5개 단체는 공동으로 정부 개정안을 반박하는 기자회견을 열었다. 주요 내용은 다음과 같다.[54)]

첫째, 급여율이 인하되면 국민연금이 공적 노후보장 제도라는 취지가 훼손된다. 현행 급여율 60%도 장래 평균 가입기간 21.7년을 고려하면 실질급여율은 33%에 불과한데 명목급여율을 50%로 내리면 실질급여율은 27%로 더욱 하락한다. 둘째, 정부의 재정추계를 신뢰하지 않는다. 재정 고갈이 지나치게 강조되고 있다. 셋째, 정부안은 많은 사람이 생활고에 시달리고 있는 현실을 묵과하고 있다. 저소득층 가입자를 위한 적절한 보험료 지원책이 필요하다. 넷째, 국민연금에 아예 가입조차 하지 못한 사각지대 사람들에 대한 대책이 없다. 국민연금이 현재 노인과 미래 노인 중 상당수를 사각지대에 방치하고 있음에도 정부안은 이에 대한 대책을 마련하지 않고 있다.

당시 논란은 주로 재정추계 방식을 둘러싸고 진행되었다. 국민연금의 재정 전망을 위해서는 장기 재정추계가 불가피한데, 이를 위해서는 출산율, 평균수명 등의 인구 변수, 임금상승률, 기금투자수익률, 물가상승률, 경제활동참가율 등의 사회경제 변수, 지역 가입자, 납부예외자, 징수율 등의 연금 제도 변수 등을 설정해야 한다. 이 과정에서 각 변수들이 얼마나 낙관적 혹은 비관적으로 가정되느냐에 따라 재정추계 결과가 달라지기 때문에, 논란은 쉽게 마무리되지 않았다.

가장 뜨거운 쟁점은 재정추계 기간이었다. 민주노총은 정부가 설정한 재정추계 기간 70년이 지나치게 길다고 비판했다. 재정추계 기간이란 향후 정부가 연금 지급을 위해 국민연금기금을 반드시 확보해야 하는 의무 기간을 말하는데, 추계 기간이 길수록 충당해야 할 기금액은 늘어나고 이를 위한 필요보험료율도 높아진다. 외국의 재정추계 기간은 60~75년이지만 우리나라와 같이 연금의 역사가 짧고 연금을 둘러싼 사회경제적 환경이 급속히 변하는 곳에서는 가능한 한 기간을 짧게 설정할 필요가 있다는 것이 민주노총의 주장이다. 민주노총은 신규 가입자의 가입 연령(24~27세)과 평균수명(84세)을 고려할 때 60년이면 재정추계 기간으로 충분하다고 제안했다.[55)]

그런데 10년이라는 차이가 왜 이렇게 중요한가? 이 10년이라는 기간은 국민연금의 재정 적자가 가장 심한 시기로 적자 총액이 8,705조 원에 달한다. 만약 이 10년을 재정추계 기간에 포함하면 이 적자를 보전하기 위해 필요보험료율의 인상폭이 커질 수밖에 없다. 만약 재정추계를 60년으로 설정한다면, 국민연금 재정안정화를 위한 필요보험료율은 정부안에 비해 3.1 %P 낮아진다. 즉 정부가 급여율 60%를 유지하기 위해 제시한 필요보험료율 19.85%가 16.75%로 줄어들고, 급여율을 50%로 인하할 경우 필요보험료율은 15.9%에서 12.8%로 더욱 완화된다.

사실 재정추계는 여러 미래 변수들의 조합으로 이루어지기 때문에 불확실성을 최소화할 수 있도록 추계 변수가 설정되어야 한다. 국민연금 보험료에 대한 가입자의 부담, 미래 장기 재정추계의 유동성 등을 감안할 때 국민연금의 재정추계 기간

을 60년으로 설정하자는 주장은 경청할 만한 것이다.[56)]

3. 국민연금 5대 쟁점, 어떻게 촉발되었고 진행되고 있는가

정부의 국민연금법 개정안이 2003년 국회에 제출되었다. 재정안정화에 대한 내용을 담은 개정안이었다. 그러나 이후 국민연금 논란은 매듭지어지기는커녕 더욱 확산되어 갔다. 국민연금을 대하는 정치권의 정략적 접근도 한몫했지만, 더 중요하게는 국민연금이 안고 있는 문제들이 연이어 드러났기 때문이다.[57)] 즉 우리 사회가 안고 있던 구조적 문제들이 국민연금 논란을 계기로 전면화된 것이다. 그러면 국민연금의 논란 과정에서 도출된 쟁점들이 어떻게 확산되어 갔는지를 따라가 보자.

(1) 쟁점의 확산

2003년 8월 정부가 주최한 국민연금 공청회에서 지난 1년간 논의되어 왔던 국민연금 개정안이 발표되었다. 보험료는 올리고 연금 급여는 깎아야 한다는 '더 내고 덜 받는' 개정안이었다. 여론이 들끓었다. 사업장 가입자를 대표하는 민주노총과 한국노총은 사상 최초로 국민연금 개정안에 항의하는 대중집회를 열었고, 전국농민회총연맹, 참여연대, 여성연합 등도 지역 가입자를 대표하여 정부안에 대한 반대 의견을 제출했다.

반면 같은 해 10월 경제, 복지 분야 전문가 302인이 모여 정부 개정안을 지지하는 유례없는 기자회견이 열리기도 했다. 이들은 정부 개정안을 반대하는 일이 후세대에 대한 죄악이자 세대 이기주의라며 '일부 노동계와 시민단체'를 거세게 비판했다. 나아가 '국민연금 살리기 운동본부'를 결성하여 대국민 서명운동을 전개해 나갔다. 국민연금을 누구보다 아껴야 할 가입자단체와 국민연금을 누구보다 잘 아는 전문가들이 충돌한 것이다.

돌이켜보면 모두가 당황했던 것 같다. 장래에 기금이 고갈될 것이라는 사실은 모두에게 난감한 문제였다. 이 때문에 정부는 서둘러 더 내고 덜 받는 개정안을 궁여지책으로 제출했고, 전문가들은 그 불가피성을 옹호했다. 가입자단체들은 보험료를 더 낼 형편이 아니라고 하소연하면서, 그나마 용돈연금을 더 깎으면 그것이 무슨 공적연금이냐며 정부를 비판했다. 하나의 개정안을 두고 화합될 수 없는 주장이 제기되었고 모두 나름의 근거를 지니고 있었기 때문에 그 갈등은 팽팽할 수밖에 없었다.

재정안정화 논란이 전혀 진전되지 않고 있던 2004년 5월 한 네티즌이 인터넷에 올린 '국민연금 8대 비밀'은 불씨에 기름을 부은 격이었다. 이 '비밀' 문건은 그렇지 않아도 국민연금이 어딘가 잘못되어 있다고 어렴풋이 느끼고 있던 일반 국민들에게 확실한 비판의 근거를 제공했다. 온라인 여기저기에서 안티 국민연금 카페가 개설되고 국민연금 폐지를 요구하는 광화문 촛불집회가 이어졌다.

8대 비밀 사태가 불거지면서 당시까지 재정안정화 문제에 초점을 두고 있던 국민연금 논란은 두 번째 쟁점인 국민연금 제도의 틈새 문제로 그 영역이 확대되었다. '60세가 되어 연금 수급자가 되었다고, 남편이 죽은 뒤로 받아오던 유족연금을 포기하라고 하니 이것이 말이 되는가(중복급여 금지)', '사업장 가입자가 지역 가입자에 비해 보험료를 더 부담하는 것은 아닌가(보험료 형평성)', '360만 원 받는 노동자나 거액을 버는 재벌회장과 보험료가 같다니 말이 되는가(보험료 상한선)' 등 국민연금에 대한 공격의 화살이 빗발쳤다. 이제 장기 재정추계를 고려하여 보험료율과 급여율을 조정하는 재정안정화 방안만으로는 국민연금 논란을 잠재울 수 없는 상황이 되어버렸다.

이렇듯 8대 비밀로 뜨거웠던 2004년 여름이 지나고 정기국회가 열릴 즈음 한나라당이 기초연금 도입을 전격 제안하면서 사각지대 문제가 세 번째 쟁점으로 등장했다. 현행 국민연금에서는 노인이 되더라도 연금을 받을 수 없는 사람들이 너무 많기 때문에 이 문제를 국민연금 개정의 핵심으로 놓아야 한다는 주장이다. 한나라당은 전업주부와 같이 아예 국민연금에 가입하지 못한 사람, 가입했더라도 소득이 없다는 이유로 보험료를 납부하지 않는 납부예외자, 소득이 낮아 보험료를 제때 내지 못하는 체납자 등을 방치하는 정부안을 반쪽 연금 개정안이라고 몰아갔다.

애초 기초연금 도입은 국민연금 논란 초기인 2003년부터 민주노총, 한나라당이 한목소리로 주장해왔고, 2004년 총선에서도 민주노동당, 한나라당이 모두 공약으로 내걸었다. 그러나 당시의 기초연금 주장은 원론적인 수준에 머물러 있었고, 도입에 소요되는 천문학적 재원 마련 방안도 분명치 않아, 국민연금 논란에서 주도권을 잡기 위한 정치적 공세 정도로 이해되었다.

그러나 2004년 9월 한나라당이 기초연금 도입 방안을 공개하고 12월에 이를 반영한 국민연금법 개정안을 국회에 제출하면서 기초연금 논란은 실제 상황이 되었다. 특히 한나라당이 기초연금 도입을 국민연금 개정 논의의 전제 조건으로 내세우면서 국민연금 논란에서 기초연금 도입을 포함한 사각지대 문제가 핵심 사안으로 자리 잡았다.[58]

국민연금 개정 논란이 3년째 같은 상태를 답보하고 있던 지난 2006년 2월 유시민 의원이 보건복지부 장관으로 임명되면서 네 번째 쟁점이 불거졌다. 그는 연내에 국민연금 개정을 완료하겠다는 개정 의지를 확고히 밝히면서 동시에 공무원연금 등 특수직역연금의 개정 필요성을 들고 나왔다. 일반 국민에게만 고통을 요구할 수 없으니 공무원들이 솔선수범하여 공무원연금을 하향 개정해야 한다는 주장이다. 유시민 장관은 어차피 치러야 할 홍역이라면, 이번 기회에 공무원연금도 국민연금과 묶어서 한꺼번에 해치우는 것이 국민연금 개정에도 유리할 것이라고 판단한 것이다.

유시민 장관의 특수직역연금 개혁 발언은 물론 공중에서 갑자기 떨어진 것은 아니다. 공무원연금도 국민연금처럼 법에 따라 5년 주기로 장기 재정을 추계하고 이에 따라 제도를 조정해야 한다. 2005년에 진행되었어야 했던 이 작업이 계속 지연되다가 이제 정부 내 공무원연금 개혁팀이 구성되어 2007년 초에 개정안을 제출할 예정이다. 국민연금 개정 논란이 마침내 특수직역연금 문제까지 끌고 온 것이다.

다섯 번째 쟁점으로, 어느새 192조 원으로 급증한 국민연금 기금을 누가 운용할 것인가의 문제도 매우 중요하다. 국민연금기금운용의 주도권을 정부, 금융자본, 가입자 중 누가 쥐느냐에 따라 국민경제에 미치는 영향이 달라질 수 있기 때문이다. 현재는 가입자 단체가 과반수를 차지하는 국민연금기금운용위원회가 기금운용을 책임지고 있지만, 정부 국민연금법 개정안에는 이에 대한 중대한 변화 내용이 담겨져 있다. 이후 국민연금기금운용위원회를 정부 산하에 둘 것인가 아니면 정부 외부 독립기구로 만들 것인가, 국민연금기금운용위원회가 기금운용 계획을 마련하는 데 어느 정도의 권한을 가질 것인가, 이 위원회에 참가하는 가입자 대표 비율을 유지할 것인가 줄일 것인가 하는 문제 등이 쟁점이다.

아쉽게도 현재 우리 사회에서 이 기금운용체계 쟁점은 크게 부각되지 않은 상태다. 하지만 기금운용체계 개편은 급여율, 보험료율 못지않게 가입자에게 중요한 문제다. 사실 국민연금의 급여율, 보험료율은 가입자에게 중립적 성격을 지닌다. 덜 내고 덜 받든, 더 내고 더 받든 보험수리적으로 연금 호주머니의 재정이 다른 호주머니로 이전되지는 않기 때문이다. 반면에 기금운용체계 문제에서는 정부, 자본, 가입자의 이해 관계가 다를 수 있다. 정부는 연금기금을 공적재정 자금으로 쓰고 싶어 할 것이고, 자본은 금융시장 부양책으로 활용되기를 원하며, 가입자는 가능한 한 안정적으로 운용되기를 바랄 것이다. 따라서 가입자의 입장에서 향후 기금운용 전략을 좌우할 기금운용체계 개편 문제는 손익계산이 분명한 쟁점이다. 이러한 기금운용 지배구조는 한번 개정되면 나중에 쉽게 바꾸기 어렵다는 점에서 더욱 그러하다.

(2) 쟁점, 어떻게 진행되고 있는가

정부 여당이나 야당 모두 국민연금 논란과정에서 불거진 쟁점들을 피할 수 없는 상황에 처해 있다. 여기서는 이 5가지 쟁점의 진행 경과를 살펴보도록 하겠다. 우선 8대 비밀에서 제기된 국민연금 제도의 틈새 문제에 대해서는 발 빠르게 논의가 진행되고 있다. 가입자들의 반발이 워낙 거세 정부나 정치권 모두 신속히 나서지 않을 수 없었다.

국회에서 국민연금법 개정안이 의결된 것은 아니지만 국민연금의 틈새 문제 중 여야 간에 이미 합의했거나 정부가 시행령으로 개정한 주요 내용은 〈표 22〉에 요약되었듯이 다음과 같다. 첫째, 유족연금과 노령연금의 중복 수령 금지에 대한 비판을 일부 감안하여 중복급여 발생 시 유족연금의 20%를 동시에 지급한다. 둘째, 유족연금이나 재직자노령연금, 조기노령연금 지급이 중지되거나 삭감되는 소득기준금액을 월 42만 원에서 월 157만 원으로 상향한다. 월소득이 이 금액 이하인 연금 수령자는 자신의 연금액을 그대로 받을 수 있다. 셋째, 연금 수급자가 고용보험으로부터 실업 급여를 받더라도 연금은 그대로 지급된다. 넷째, 주부의 연금 가입 사각지대를 해소하기 위하여 두 번째 자녀는 12개월, 세 번째 자녀의 경우 18개월을 국민연금 보험료를 낸 것으로 간주하는 출산 크레디트 제도를 시행한다. 다섯째, 여성의 연금 수급권을 강화하여 재혼하더라도 분할연금을 계속 받을 수 있도록 인정하고 이 여성에게 자신의 노령연금이 발생할 경우에도 중복 지급한다. 여섯째, 국민연금 가입 이후 발생한 장애에 대해서만 지급하던 장애연금 요건을 완화하여 가입 이전에 발생한 장애의 경우에도 본인이 장애 여부를 인지하고 있지 못했다면 연금을

〈표 22〉 국민연금 틈새 개선 합의 내용

주제	개선 내용
중복급여 지급	노령연금과 유족연금이 동시에 발생할 때 유족연금 20% 지급
연금공제 소득기준 상향	월소득이 157만 원 이하일 경우 유족연금, 조기노령연금, 재직자 노령연금 그대로 지급
실업급여 인정	고용보험의 실업급여 수령 시 기존 연금 그대로 지급
출산 크레디트 제도	둘째 자녀부터 12~18개월씩 가입기간 인정
여성 수급권 강화	재혼해도 분할연금 인정하고, 노령연금과 중복급여 허용
장애연금 요건 완화	가입 전 장애라도 사전에 인지하지 못했을 경우 연금 지급
농어민 보험료 지원 연장	2014년까지 보험료 지원 연장

지급한다. 일곱째, 2004년으로 종료되는 농어민 가입자에 대한 보험료 지원을 2014년까지 연장한다.

물론 여전히 해결되지 않은 틈새의 문제도 여럿 있다. 사업장 가입자와 지역 가입자에게 부과되는 보험료의 형평성, 저소득 계층 가입자에 대한 보험료 지원, 첫 자녀 출산 크레디트 도입 배제 등 보완해야 할 과제가 아직 남아 있다. 그럼에도 기존 제도에 비한다면 틈새는 상당히 메워지고 있는 것이 사실이다.

특수직역연금에 대한 정부 개정안은 아직 마련되지 않았다. 2006년 겨울부터 정부 개정안의 골격이 드러나기 시작하면 공방이 뜨거워질 것이다. 당사자인 공무원들은 억울하다고 항변하지만 특수직역연금에 대한 일반 국민들의 비판이 워낙 거세 논란이 심상치 않을 듯싶다. 공무원연금이 지닌 문제점과 개혁 방향에 대해서는 〈보론 2〉에서 따로 다루기로 한다.

기금운용체계와 관련한 쟁점은 정부 내부, 일부 시민단체 사이에서 공유될 뿐 국민들에게는 잘 알려져 있지 않다. 국민연금기금의 거대한 규모를 감안하여 회의체인 국민연금기금운용위원회를 상설조직으로 강화하고, 국민연금관리공단 산하에 있는 기금운용 실무부서를 독립적인 기금운용공사 혹은 기금운용주식회사로 전환하자는 데에는 의견이 일치된 상태다. 하지만 국민연금기금운용위원회를 정부 산하에 둘 것인지, 그리고 위원을 어떻게 배분하여 구성할지에 대해서는 정부, 야당, 가입자단체 간에 이견이 있다.[59)]

국민연금에 대한 5개의 쟁점 중 논란의 중심에 있는 주제는 재정안정화(보험료 인상 및 급여 인하)와 사각지대 해소(기초연금 도입) 문제다. 이 두 마리 토끼를 어떻게 잡을 것인가? 지금까지 정부는 재정안정화 문제를 이번에 마무리 짓고 사각지대 문제는 차후에 다루자는 입장을 보여왔다. 그러나 한나라당과 민주노동당은 사각지대를 해소하지 못하는 개정안은 무의미하므로 이번 기회에 양자를 함께 해결해야 한다며 강력하게 맞서고 있다.

4. 어떻게 개정하려는가—국민연금 개정안 비교 평가

보통 국민연금 개혁은 그 범위에 따라 모수적 개혁parametric reform과 패러다임적 개혁paradigmatic reform으로 구분된다. 전자는 현행 국민연금 제도 내부에서 부분적 개혁을 시행하는 것이고, 후자는 국민연금 제도 틀 자체를 바꾸는 구조적 개혁을 의미한다. 이것을 기준으로 구분해보면 국민연금 제도 내부에서 급여율과 보험료율을 조정하자는 정부 여당안은 모수적 개혁에, 가입 여부와 무관하게 모든 노인에게 기초연금을 지급하자는 야당안은 패러다임적 개혁에 해당된다.

〈그림 5〉는 정부 여당안, 유시민안, 한나라당안, 민주노동당안을 비교한 것이다. 정부 여당은 국민연금 재정 불안을 타개하기 위하여 급여율을 50%로 내리고 보험료율을 15.9%로 올리는 재정안정화 방안이다. 그리고 유시민 장관은 보험료율의 인상폭을 13%로 줄이고 급여율을 40%로 내리되, 야

당의 기초연금 요구를 무마시키기 위하여 현행 경로연금을 강화한 기초노령연금제를 제안하고 있다.

한나라당은 2004년 12월 기초연금 도입을 핵심 내용으로 하는 국민연금법 개정안을 국회에 제출했다. 이 기초연금안은 2006년부터 65세 노인에게 가입자 평균소득의 9%를 지급하고 이후 매년 0.5%P씩 22년 동안 11%P를 인상하여 2028년에는 평균소득의 20%를 지급하는 것을 내용으로 한다. 금액으로 말하자면 기초연금액은 현재 가치로 2006년에 월 14만 원, 2028년에 월 30만 원이다.

한나라당은 기초연금을 도입하는 대신 국민연금 급여율을 현행 60%에서 20%로 대폭 축소한다. 연금액이 줄어드는 만큼 보험료율도 현행 9%에서 7%로 낮아진다. 국민연금에 가입

〈그림 5〉 국민연금 개정안 비교

현행	급여율	국민연금 60%	
	보험료율	9%	
정부 여당	급여율	국민연금 50%	
	보험료율	15.9%	
유시민안	급여율	국민연금 40%	기초노령
	보험료율	13%	
한나라당	급여율	기초연금 20%	국민연금 20%
	보험료율	조세	7%
민주노동당	급여율	기초연금 15%	국민연금 40%
	보험료율	조세	9% + α

한 단독 노인가구의 경우 공적연금 급여율은 60%에서 40%(기초연금 20% + 국민연금 20%)로 줄어들고, 홑벌이가구인 경우에는 60%(가장 기초연금 20% + 배우자 기초연금 20% + 국민연금 20%)가 유지된다.

한나라당의 국민연금 개정안은 서민에게 매력적일 수 있다. 국민연금 보험료율이 7%로 인하되니 가계 부담이 적어진다. 국민연금 급여율도 20%로 축소되면 미래 재정이 완전적립방식에 가깝게 전환되어 기금 고갈 문제도 상당히 사라진다. 보험료 납부와 무관하게 65세만 넘으면 장래 매월 30만 원의 기초연금이 지급되니 저소득 계층 노인에게는 희소식이다.

하지만 한나라당의 기초연금안이 지닌 결정적 문제는 재정 마련이다. 2006년에 9%의 기초연금을 지급한다고 가정하면 당장 9.5조 원이 소요되고, 국민연금 보험료율 2% 인하분을 상쇄해 계산해도 4.8조 원이 필요하다. 이후 노인 인구가 늘어나고 기초연금 급여율이 20%로 인상됨에 따라 필요재정은 2006년 불변가격으로 2030년에는 91조 원(GDP 5.5%), 2050년에는 167조 원(GDP 7.8%)이라는 천문학적 액수에 이를 전망이다.[60]

이에 대해 한나라당은 기초연금 재원을 조세로 충당할 계획을 세웠다. 처음에는 부가가치세 인상을 제안했으나 부가가치세 인상이 경제에 미치는 부작용이 문제로 지적되자 더 이상 이를 주장하지는 않으며 재원 방안에 침묵을 지키고 있다. 더욱이 2005년 이후 한나라당은 노무현 정부의 증세론에 맞서 감세론을 당의 핵심 정책으로 내세우고 있다. 이처럼 한나라당의 기초연금제와 조세정책은 동일 정당 정책으로는 양립하기 어려운 모순적 성격을 지닌다.

민주노동당안의 기본 골격은 한나라당과 동일하게 '기초연금+국민연금'의 이층체계다.[61] 기초연금의 급여율은 재정 부담을 고려하여 15%로 설정하고, 수급자격을 엄격히 하여 소득 상위계층의 노인은 지급 대상에서 제외한다. 그리고 기초연금이 도입되는 점을 감안하여 국민연금 급여율을 40%로 조정하여 전체 공적연금 급여율의 합이 55%가 되도록 한다. 국민연금 40%에 해당하는 필요보험료율을 밝히지는 않았지만 다소 인상이 불가피하다는 점은 인정하고 있다. 여기에 필요한 기초연금 재원은 소득세 인상, 사회보장세 신설 등 직접세를 통해 마련한다. 이것은 부유세를 통해 사회복지 재원을 마련한다는 민주노동당의 기본 입장을 반영한 개정안이다.

또한 민주노동당 개정안은 현행 국민연금 제도의 틈새를 보완하는 여러 가지 방편을 담고 있다. 예를 들면 보험료 상한선을 높여 버는 만큼 누진적으로 연금보험료를 내게 하고(급여 상한선은 유지), 생활이 어려운 저소득층의 보험료를 사회가 지원하는 것 등이다. 하지만 민주노동당안 역시 재정 마련이라는 어려운 과제를 지니고 있다. 기초연금이 단계적으로 도입되더라도 2007년에 약 3~4조 원이 필요하고, 이후 한나라당의 기초연금 비용보다는 다소 작지만 급속히 늘어나게 된다. 상위 계층 20~30%를 지급 대상에서 제외하고 급여율이 15%라는 점을 감안하면, 기초연금 필요재정은 한나라당 기초연금안에 비해 낮은 수준이 될 것이다.

5. 유시민 장관의 기초노령연금제

정부가 2003년에 제출한 개정안은 사각지대 문제를 다루지 못하고 있다. 이에 야당에서 기초연금을 제안하며 정부안을 비판했고, 유시민 장관도 일찍부터 현세대 노인을 방치한다는 이유에서 국민연금을 불효연금이라 칭해 왔다. 그는 장관으로 임명된 지 몇 달 지나지 않아 정부 개정안과 야당의 기초연금안을 절충한 '기초노령연금안'을 신개혁안으로 제시했다.[62]

신개혁안은 국민연금 논의에 어느 정도 영향을 줄 수 있을까? 그것은 이 개혁안이 정치권, 노동시민 단체를 설득할 수 있을 만한 내용을 얼마나 담고 있느냐에 달려 있다. 기초노령

〈그림 6〉 신개혁안 : 2008~2030년 노후소득 보장체계 기본 구조(단위 : %)

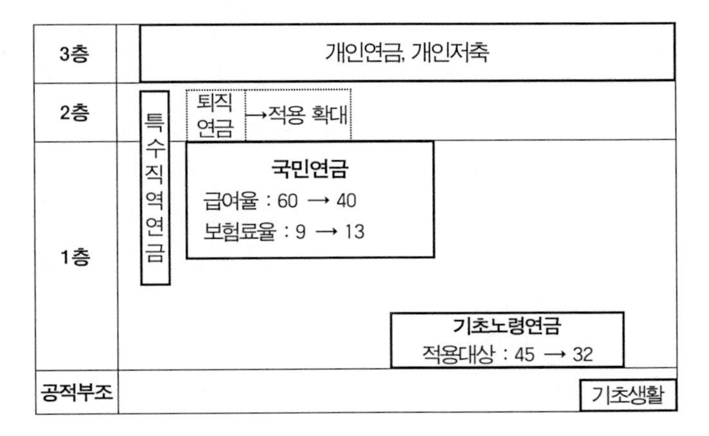

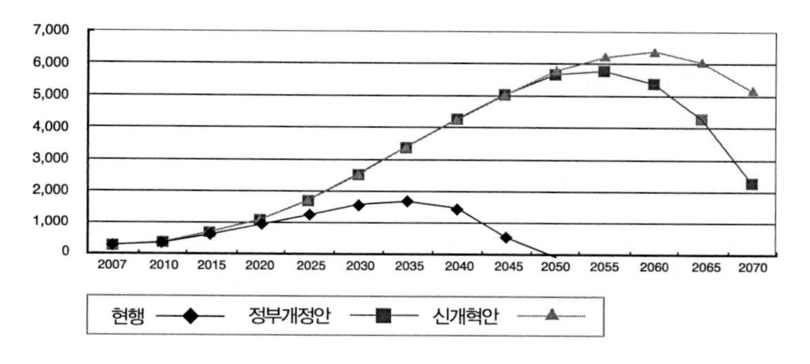

〈그림 7〉 신개혁안에 따른 재정 전망 변화(단위 : 조 원)[63]

연금을 중심으로 한 신개혁안은, 비록 기초연금에는 미치지 않지만, 65세 이상 노인 중 공적 노후보장에서 배제된 다수의 사람을 지원하는 데 초점을 두고 있다. 〈그림 6〉과 〈그림 7〉을 참고로 신개혁안 내용을 살펴보자.

첫째, 2007년부터 65세 노인 중 기초생활수급자, 그리고 소득(인정액)이 최저생계비 160% 미만인 자 등 전체 노인의 45%에게 월 8만 원씩 지급한다. 이는 가입자 평균소득의 5%에 해당하는 금액이다. 2005년 경로연금의 지급 대상이 전체 노인의 14.1%, 지급 금액이 3~5만 원이었음을 고려하면 상당한 수준의 인상이다.

둘째, 기존 국민연금 개정안인 '급여율 50%, 보험료율 15.9%'를 '급여율 40%, 보험료율 13%'로 바꾸어 더욱 '덜 내고 덜 받는' 방향으로 국민연금을 수축한다. 현행 국민연금 급여율 60%를 2008년 50%, 2018년 45%, 2028년

40%로 인하하고, 보험료율은 2017년까지 10년간 0.4%씩 올려 13%까지 인상한다. 보건복지부는 이 수정안에 따를 경우 2070년 기금 예비적립률이 기존 개정안 2배에서 6.2배로 상향되어 재정안정성이 다소 보완된다고 자평한다. 하지만 신개혁안 역시 적립금 유지 목표년도를 현행 2047년에서 2070년으로 연장하는 것으로, 예비적립률을 감안하더라도 2080년을 넘지 못할 것이다.

셋째, 신개혁안은 2030년 이후 현행 퇴직금이 전환된 퇴직연금을 공적연금의 한 층으로 통합한다. 이에 따르면 공적연금, 퇴직연금, 개인연금으로 구성된 다층적인 노후소득보장제도가 미래 우리 사회에 자리 잡는다. 국민연금의 급여율은 낮아지지만 국민연금과 퇴직연금을 합하면 생애소득의 60~70%를 받게 된다는 장밋빛 미래가 그려진다.

〈표 23〉은 현행 국민연금, 기존 정부여당안, 유시민 장관의 신개혁안을 비교 정리한 것이다. 이것을 보면 국민연금 개정 논란을 거듭하면서 정부 여당의 사각지대 대응 방안이 점차 보완되고 있음을 알 수 있다. 비록 금액은 가입자 평균소득의 5% 이내에서 제한되지만 지급 대상은 45%까지 확대되고 있다. 그렇다면 신개혁안에 대해 어떻게 평가할 수 있는가?

첫째, 기초노령연금이 갖는 긍정적인 면을 인정하는 데 인색할 필요는 없다. 신개혁안에 따라 저소득 계층 노인 45%에게 월 8만 원을 지급하는 것은 긍정적인 일이다. 현재 저소득 계층 노인에게 경로연금이 지급되고 있으나 실질적인 도움이 되지 못하는 상황에서 정부가 저소득 계층 노인의 생계 지원을 확대하는 것은 바람직하다. 신개혁안에 따른 필요재정도 2007년에 2조 원에 이르러 현행 경로연금의 4배를 넘는다. 보건복지부의 2006년 일반회계 예산이 9조 7,000억 원이고, 핵심 공적부조 제도인 기초생활보장제 생계급여 지출이 2조 원임을 감안하면 기초노령연금에 소요되는 재정이 그리 적은 것은 아니다.

둘째, 공적연금 체계의 측면에서 보면 기초노령연금은 기초연금이 아니다. 기초노령연금은 유시민 장관이 국회의원 시절 발의한 효도연금과 금액은 유사하고 대상은 2배 정도 늘린 안

〈표 23〉 정부 여당의 국민연금 개정안 비교[64]

		현행	기존 정부 여당안	신개혁안
재정 안정화	급여율(%)	60	50	40
	보험료율(%)	9	15.9	13.0
	적립금 유지 목표년도	2047	2070	2070
사각 지대	용어	경로연금	효도연금	기초노령연금
	급여 대상율(%)	14.1	20.0	45.0(2007)~32.2(2030)
	지급액	3~5만 원(2005)	6~10만 원(2007~2011)	8만 원(2007)
	급여율(%)	2~3	4~5	5
	소요 재정	3,112억 원(2005) 향후 확대 예상	6,900억 원(2007) 약 1조 원(2010)	2조 832억 원(2007) 2조 2,987억 원(2010)

〈표 24〉 국민연금 평균 가입기간과 실질급여율[65]

연도(년)	2010	2020	2030	2050	2070
평균 가입기간	15.0	15.8	17.6	20.7	21.7
명목급여율(%)	50.0	45.0	40.0	40.0	40.0
실질급여율(%)	18.8	17.8	17.6	20.7	21.7

이다. 효도연금이 기초연금이 아니듯이 기초노령연금 역시 기초연금의 지위를 가지지 못한다.

이유는 두 가지다. 하나는 기초노령연금의 급여율이 가입자 평균소득의 5%에 불과하다는 점이다. 기초연금이 공적연금 체계에서 한 층을 차지하기 위해서는 대략 15~20%의 급여율을 지녀야 한다. 다른 하나는 수급 대상의 문제다. 공적연금 체계에서 기초연금은 국민연금과 이층체계를 이루어 국민연금 가입자에게도 지급되어야 원래의 의미를 갖는다. 신개혁안에서 국민연금 수급자 중 기초노령연금을 받는 사람은 10%에 불과하다. 신개혁안은 공적연금이라는 이층 건물체계의 한 층이 아니라 공적부조에 속하는 별도의 건물이다.

셋째, 신개혁안은 기초노령연금 도입을 이유로 국민연금 급여율을 지나치게 낮춘다. 신개혁안은 우선 국민연금 급여율을 50%로 인하하고, 2030년 이후에는 40%로 추가 인하한다는 구상이다. 이럴 경우 국민연금 가입자들은 연금으로 얼마를 받게 되는가? 2010년 국민연금 가입자의 평균 가입기간은 15년으로 예상된다. 이러한 현실에서 명목급여율이 50%로 낮아지면 평균 가입기간을 고려한 실질급여율은 18.8%로, 다시 2030년에 명목급여율이 40%로 낮아지면 실질급여율은 17%대로 떨어진다.

이렇듯 제도가 시행된지 얼마 되지 않아 가입기간이 짧을 수밖에 없는 상황을 고려하지 않고 급여율을 인하하는 것은 곤란하다. 급여율 40%로는 국민연금에 더 이상 공적연금의 지위를 부여하기 어렵다. 국민연금 개정에 있어 기초연금이 도입되지 않는 한, 현행 급여율 60%는 존중되어야 한다.[66]

넷째, 향후 퇴직연금에 대한 전망이 지나치게 낙관적이다. 신개혁안은 장래에 노령세대가 공적노후보장 제도를 통하여 퇴직 전 소득의 60~70%를 얻을 것으로 전망한다. 이러한 판단을 가능케 하는 근거는 퇴직연금 도입이다. 일찍부터 경영계도 퇴직금을 퇴직연금으로 전환할 경우 급여율 20% 이상의 의미를 지닌다면서 국민연금 급여율을 40%로 낮추자고 주장해 왔다.

하지만 퇴직연금에 대해서는 신중한 접근이 필요하다. 지금까지 퇴직금은 5인 이상 사업체에서만 지급되었고 2003년을 기준으로 할 때 전체 임금노동자의 47.9%만이 퇴직금을 받았다. 또한 현재 노동자의 평균 근속년수가 6년에 미치지 못하고, 퇴직금을 받는 노동자의 절반 이상(53.1%)이 퇴직금을 기본생활비로 사용하고 있다. 즉 대다수 노동자에게 퇴직금은 취약한 고용보험을 보완하는 의미였을 뿐이다. 더욱이 연봉제가 확산되면서 일부에서는 퇴직금마저 사라져가고 있다.

물론 퇴직연금법이 제정되면서 2008~2010년 사이에 5인 미만 사업장도 대통령령이 정하는 시기에 퇴직연금이 적용될 예정이다. 하지만 5인 미만 사업장의 영세성과 행정관리 체계의 미비를 고려할 때 퇴직연금이 얼마나 실효성 있게 확대 적용될지는 의문이다. 따라서 이후 최소 10년 이상 퇴직연금의 현실화 여부를 지켜본 후, 퇴직연금의 공적연금 체계로의 편입 여부를 판단해야 한다. 제대로 검증되지 않은 퇴직연금을 공적연금 체계의 한 층으로 미리 확정해놓고 제도 변경을 추진하는 것은 적절치 않다.

지금까지 정치권이 내놓은 국민연금 개정안과 최근 유시민 장관이 내놓은 신개혁안을 살펴보았다. 기존 정치권의 개정안은 정부 여당의 부분적 개혁방안과 기초연금을 도입하자는 야당의 구조적 개혁안으로 확연히 구분되어 있다. 이러한 상황에서 유시민 장관이 내놓은 신개혁안은 기초노령연금을 매개로 양자를 조정 혹은 타협하려는 방안이다. 신개혁안이 기존 정부 여당안에 비해 진전된 것임에는 틀림이 없다. 하지만 불신으로 가득 찬 국민연금 제도를 개혁할 수 있을 만큼 충분한 것인지에 대해서는 여전히 의문이 남는다.

제 5 장

국민연금 개혁, 그 대안을 찾아서

국민연금을 둘러싼 문제가 워낙 복합적이어서 그 해법을 찾기가 쉽지 않다. 지난 3년간 진행되어온 국민연금 논란을 지켜본 사람이라면 아마도 앞으로도 적절한 매듭을 발견하기 어렵다고 생각할 것이다. 미래 재정 불안, 광범위한 사각지대, 보험료 형평성 등 국민연금을 둘러싼 쟁점들이 한국사회의 구조적 문제와 긴밀하게 연결되어 있기 때문이다.

국민연금 문제가 과잉 정치화된 것도 문제를 더욱 어렵게 만드는 중요한 요인이다. 모든 노인에게 기초연금을 지급하겠다고 하면서도 감세를 요구하는 자기상충적인 정책이 공공연하게 정치권에서 주장되고 있다.[67] 일부에서는 국민연금 논란을 정치에 활용하지 말자는 '탈정치화' 선언을 제안하기도 한다. 여기서 탈정치화란 국민연금을 정략적으로 이용하지 않는 책임 정치를 의미할 것이다.

이 장에서는 국민연금 문제를 해결하기 위한 기본 방향과 대안모델을 제시할 것이다. 이것은 여러 의견 가운데 하나일 뿐이지만 국민연금을 논의하는 데 조금이나마 도움이 되기를 바란다. 과연 난항을 거듭하고 있는 국민연금을 살려낼 수 있을지, 만일 살려낼 수 있다면 그 해법은 무엇인지 찾아보자.

1. 국민연금 개혁의 전제 조건—정부의 사과

앞서 국민연금의 불안한 미래 재정에 대해 논의했다. 논의 당시 제시된 시나리오에 따르면 국민연금은 파산을 앞둔 제도다.[68] 어쩌면 이것 때문에 가입자들의 '엑소더스exodus'가 벌어질 수도 있다.

국민연금의 미래 위험은 피할 수 없는 재앙인가? 그렇지 않다. 사회 제도로 인해 발생한 문제는 어떠한 경우든 모두 '인재(人災)'라는 것이 필자의 생각이다. 사회구성원들의 신뢰가 없으면 아주 작은 문제조차 풀 수 없지만, 반대로 한목소리를 낼 수 있다면 무한한 잠재력을 발현할 수 있는 곳이 바로 인간 사회다. 결국 국민연금 논란에서 가장 중요한 과제는 바로 국민연금 개혁을 위한 가입자의 신뢰를 만드는 일이다.

그렇다면 국민연금에 대한 신뢰는 어떻게 생겨날 수 있는가? 국민연금에 대한 불신이 커진 데에는 무엇보다 국민연금 논란을 종식시킨다면서 미봉적 편법 논리로 일관해온 정부의 책임이 가장 크다. 정부는 국민연금 개정안 조기 통과를 위하여 주저 없이 국민연금에 흠집을 냈다. 이제 국민연금을 왜곡, 각색한 정부의 과오를 살펴보자.

첫째, 정부는 국민연금기금 고갈론을 과도하게 주창했다. 기금이 고갈된다고 하면 가입자들이 자발적으로 국민연금 개정에 나설 줄 알았던 모양이다. 기금 고갈은 장래에 닥칠 현실이 아니라 재정분석에서 상정되는 가상의 시나리오일 뿐이다. 수정적립방식 연금 제도에서는 재정추계 결과 항상 기금이 고갈되는 시점이 도래한다. 그래서 국민연금 제도는 그 시점을 뒤로 미루기 위해 5년 주기 조정 장치를 두고 있다. 기금 고갈은 재정분석에서는 언제나 도출되지만 정기적 제도조정이 행해지는 한 영원히 오지 않을 시뮬레이션이다. 이제부터라도 정부는 기금 고갈론을 거두고 다시 5년 후에 제도를 조정해나가야 하며, 이러한 조정 장치를 통해 국민연금이 지속될 것이라고 말해야 한다.[69)]

둘째, 정부는 이번 법 개정으로 2030년까지 보험료율이 15.9%로 인상되면 이후 보험료율 조정은 없을 것이라고 설명한다.[70)] 그러나 이는 사실과 다르다. 매 5년마다 재정을 추계하고 필요보험료율을 산정하는 것이 수정적립방식 연금 제도의 기본 특징이고 이는 국민연금법에 정해진 사항이다. 당장 2008년 2차 재정추계 작업이 실시될 것이며, 지난 재정추계 방식을 사용하면 2075년까지 기금을 적립하는 필요보험료율이 산정될 것이다. 최근의 저출산율, 제도 개혁 지연 등을 감안하면 필요보험료율이 더욱 상향될 것으로 예상된다. 이것이 향후 보험료율 조정에 대한 진실이다. 이번 개정안에 급급하여 5년 후에 드러날 사실을 가리려는 것은 경솔한 일이다. 5년 후에 더욱 깊어질 국민의 불신을 도대체 어떻게 하려고 하는가?

셋째, 정부는 2008년 수급자 저항론을 유포하는 잘못을 범했다. 정부는 20년 가입 완전노령연금 수급자들이 발생하는 2008년 전에 개정을 매듭지어야 한다고 주장한다.[71)] 이것이 사실인가? 2008년에 개정되더라도 기존 수급자의 연금액은 아무런 영향을 받지 않기 때문에 수급자들이 저항할 이유가 없다. 그런데 정부는 개정안을 통과시키기에 급급하여 근거 없는 수급자 저항론을 유포했다. 그 결과 국민연금 개정안이 통과되면 수급자 역시 급여에 영향을 받는 것으로 잘못 알려졌다. 정부는 법 개정의 필요성을 강조하려다 오히려 혹을 붙이고 있다.

넷째, 정부는 국민연금 문제를 과거 정권의 책임으로 돌리는 무책임한 모습을 보였다. 2006년 2월 국회 본회의에서 이해찬 국무총리는 국민연금 도입은 국민을 기만하는 행위였다며 과거 정권을 비판했다. 지나친 고수입비 급여를 가입자에게 약속하는 잘못을 범했다는 주장이다. 하지만 가입자에게 유리하도록 설계된 국민연금 도입은 국민에 대한 기만이 아니다. 그가 제도 도입 당시 국무총리였어도 현행 국민연금 방식을 채택하지 않았을까? 국민연금을 도입하기 위하여 초기에 가입자에게 주어지는 프리미엄은 불가피하다. 당해년도에 수급권이 발생하는 건강보험과 달리 수십 년 후에야 연금으로 돌려받는 강제저축성 제도인 국민연금에서 이 프리미엄은 제도 수용을 위한 비용으로 봐야 한다. 게다가 국민연금 1세대 가입자들은 부모의 노후와 자신의 노후를 동시에 준비해야 하는 이중부담을 안고 있는 특수한 집단이다. 이러한 상황을 감안한다면 국민연금 초기의 고수익을 기만으로 몰기보다는 제도 도입 비용으로 인정하고 이제 국민연금이 도입된 지 20년이 되어 가입자들이 2세대로 접어드니 후세대의 부담을 줄여가는 제도조정 과제를 하나씩 풀어가자고 제안하는 것이 순리

아닌가?[72]

다섯째, 노무현 대통령은 대통령선거 후보 시절 국민연금 급여율이 인하되면 '용돈연금'이 된다고 비판했다. 그러나 그는 대통령 취임 1년이 되지 않은 시점에 급여율을 인하하는 개정안을 국회에 제출했다. 국민연금 급여율을 인하할 수밖에 없는 이유가 있을 것이다. 그런데 대통령은 그 개정안을 제출했을 뿐, 지난날의 식언(食言)에 대해서는 아직까지 사과하지 않았다. 이러한 대통령이 만든 국민연금 개정안을 국민들이 신뢰하지 않는 것은 어쩌면 당연한 일이다. 국민연금의 신뢰 구축을 위해서는 개정의 불가피성에 대한 홍보보다는 대통령의 사과가 훨씬 더 효과적일 것이다.

이제부터 국민연금에 대한 신뢰를 만들어가야 한다. 국민연금 개혁은 정부와 야당이 국회에서 절충하는 것만으로 이루어지지 않는다. 미봉적 타협은 다시 곪아터질 수밖에 없다. 만약 2008년 재정추계에서 더 악화된 재정 전망이 나온다면, 정부는 그때 터져 나올 국민들의 불안과 분노를 잠재울 수 있겠는가? 정부는 국민들에게 국민연금 제도의 수정적립방식 원리를 자세히 설명해야 한다. 그리고 우리 세대가 사각지대 노인을 돌보고 후세대 부담을 완화하는 개혁안을 만들어가자고 설득해야 한다. 이를 위한 첫 단추가 정부의 사과다. 지금까지 국민연금에 대한 불신을 가중시킨 것에 대해 반성하고 이제부터 행동으로 보여주어야 한다.

필자는 국민연금기금 이차 미보전 문제가 전화위복의 계기가 될 수 있다고 생각한다. 이차 2조 6,000억 원은 정부가 국민연금기금을 저이자로 가져다 쓰면서 국민연금에 끼친 기회 손실 비용이다. 정부는 이차 보전이 강제규정이 아니며 적립금이 쌓여 있는 국민연금기금에 예산을 투입하는 것이 국가재정 운용에서 비효율적이라고 주장한다. 하지만 미보전으로 인해 초래된 국민연금에 대한 불신은 금액으로 환산하기 어려울 정도이다. 향후 70년 동안의 국민연금 재정을 분석하고 개정안을 마련하는 장대함과는 어울리지 않는 소탐대실이다. 여기서 과연 정부가 진정성을 가지고 국민연금 살리기에 나서고 있는가 하는 의구심이 생길 수밖에 없다.

이차 보전금은 저소득 계층의 국민연금 보험료 지원기금이라는 이름으로 보전되면 일석이조의 효과를 낼 수 있다. 〈표 25〉를 보면 1998년 국민연금 시행 이후 현재까지 국민연금 보험료를 체납한 가입자 수는 지역 국민연금의 경우 총 344만 명, 금액으로는 5조 5,125억 원이고, 직장 가입자의 경우 총 223개 사업장, 1조 302억 원이다. 정부가 보전해야 할 2조 6,000억 원은 1998년 이후 국민연금에 누적된 미납보험료 총액의 40%를 지원해줄 수 있는 금액이다. 정부는 이 재원을

〈표 25〉 국민연금 미납자 수와 미납액 규모(2005년 12월 기준)[73]

	미납인원	미납금액
지역 국민연금	344만 명	5조 5,125억 원
사업장 국민연금	223개 사업장	1조 302억 원
계		6조 5,427억 원

활용하여 악성 체납자를 제외한 생계형 체납자의 보험료를 대불하거나 저소득 비정규 노동자의 보험료를 지원하는 등 다양한 맞춤형 대책을 마련할 수 있다. 이렇게 돌려받아야 할 이차 손실액 보전금을 지혜롭게 활용하면, 이는 국민연금이 절실한 계층이면서도 현재의 생활고로 국민연금에 저항해야 하는 저소득 계층을 제도 안으로 수용하며, 신뢰를 구축하는 씨앗이 될 것이다.

2. 과대 기금의 공공적 운용방안 마련

국민연금기금이 안고 있는 가장 핵심적인 문제는 무엇인가? 일반적으로는 기금 고갈로 알려져 있다. 하지만 필자는 기금 고갈보다 과대 기금이 더 큰 문제라고 생각한다. 전자가 가상의 미래라면 후자는 실제로 닥칠 일이다. 만약 필자의 판단이 옳다면, 우리가 준비해야 할 것은 가정일 뿐인 기금 고갈에 대한 대책보다 반드시 직면하게 될 과대 기금의 운용 방안이다.

우선 기금 고갈론이 지니는 문제를 살펴보자. 국민연금 제도가 지금처럼 지속된다면 보험수리적으로 기금은 2047년에 소진된다. 하지만 이는 분석상 그러하다는 것이다. 현행 국민연금 제도 하에서 이러한 일은 발생하지 않는다. 국민연금법은 장기적인 재정 균형을 위해 매 5년마다 국민연금기금의 재정을 조정하는 장치를 두고 있다. 그래서 2003년에 첫 추계작업이 이루어졌고 이에 근거하여 정부 개정안이 마련되었다.

〈그림 8〉 현행 제도와 개정안의 재정 전망 비교(단위 : 조 원)[74]

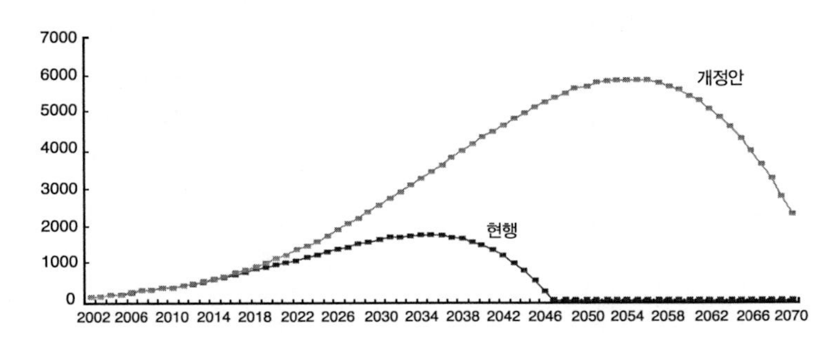

〈그림 8〉에서 보듯이, 정부 개정안은 기금 고갈을 해결하는 것이 아니라 고갈 시점을 2047년에서 2070년으로 순연시키는 방안이다. 마지막 2070년에 예비금으로 그해 연금지출액의 2배 정도를 남겨놓도록 모형을 짠 것인데, 당시 수지차를 고려하면 예비금도 3~4년 후에는 모두 소진될 것이다.

2008년은 국민연금법이 정한 2차 추계년이다. 기존 재정추계분석 모형이 그대로 적용된다면 2005년을 기준으로 다시 70년을 더한 2075년까지의 재정을 분석하고 그때까지 기금을 유지하는 개정안이 마련될 것이다. 재정추계 기간이 유한하기 때문에 분석에서는 언제나 재정추계 최종년도가 재정고갈 시점으로 도출된다. 그러나 매 5년마다 다시 급여율과 보험료율이 조정되므로 재정고갈은 영원히 오지 않는다. 대신 천문학적인 규모의 국민연금기금만 쌓이게 된다.[75]

다음 5년, 10년 후 재정추계에서 재정 전망이 다르게 나오면 필요보험료율, 급여율을 다시 조정해야 하는 것은 당연하다. 미래에 다가올 재정 파탄을 예측하고도 이를 방치할 정부나 가입자는 없다. 따라서 이번에 국민연금법을 개정하면 다시 수정되지 않을 것처럼 주장하는 것은 사실에 맞지 않은데다가 현실적이지도 않다. 국민연금은 향후 기금 고갈을 예방하기 위해 조정과정을 끊임없이 거칠 것이다.

그러므로 국민연금기금이 실제로 직면한 문제는 '기금 고갈'이 아니라 '과대 기금'이다. 만에 하나 기금 고갈론대로 2047년에 국민연금기금이 소진된다 해도 이 시나리오가 실현되려면 향후 30년 동안 기금이 천문학적으로 증가하는 경로를 반드시 거쳐야 한다. 재정추계에 따르면 현행 제도하에서 국민연금기금은 2035년까지 계속 증가하여 경상가격으로 1,715조 원에 달한다. 심지어 정부의 국민연금법 개정안에 의하면 급여율은 낮아지고 보험료율은 오르므로 2054년에는 적립금이 무려 5,820조 원에 달한다. 국가예산의 3배, GDP의 65%에 이르는 상상하기도 힘든 금액이다. 여기서 천문학적인 기금을 어떻게 운용할 것인가라는 문제가 생긴다.

국민연금기금은 종종 '연못 속의 고래'라고 비유된다. 연못의 크기는 한정되어 있는데 고래의 몸은 자꾸 커가고 있다. 현재도 국민연금기금은 상장주식의 거의 절반을 살 수 있는 규모이고 향후 더욱 늘어날 것이다. 결국 몸이 불어난 고래는 자신의 살 길을 찾아 기존 채권중심 투자에서 주식투자, 대체투자로, 그리고 국내시장에서 해외시장으로 진출할 수밖에 없다.

지금까지의 기금운용이 가입자의 원성을 사기는 했지만 사회적 갈등으로 확산되지는 않았다. 단지 지면 아래에서 씨앗으로 머물러 있을 뿐이었다. 이제 상황이 달라졌다. 이미 국민연금기금이 정부 예산 규모보다 커졌고 정부 내에서도 기금 운용권을 둘러싸고 부처 간 갈등이 시작되고 있다. 이번 국민연금 개편과정을 계기로 노동계와 시민단체도 기금운용 문제를 중요한 사회 의제로 생각하고 있다. 그렇다면 과대 기금론은 우리에게 어떤 의미를 주는가?

가입자들은 천문학적인 국민연금기금이 사회경제적으로 미칠 부정적 영향에 대해서 준비해야 한다. 국민연금기금이 과대할수록 운용의 유동성 문제가 부각될 것이며, 금융세계화의 공세로 인해 국민연금기금마저 국제금융자본에 종속될 수 있다. 이미 기금의 해외투자가 급속히 늘어나고 있다. 2004년 정부가 마련한 '중장기 국민연금기금운용 마스터플랜'에 따르면, 2009년에 국민연금기금 중 해외투자는 11.7%, 35조 원에 이르고, 5년 후인 2014년에 기금의 25%로 2배 이상 급증한다.

혹시 기금을 빨리 소진시켜 국민연금을 부과방식으로 전환하자는 주장도 있을 수 있다. 이러한 부과방식으로의 전환이 과대 기금의 문제를 근본적으로 해결할 수 있는 방안임에는 틀림없다. 하지만 이미 적립방식으로 시작한 국민연금을 부과방식으로 전환하기란 현실적으로 무척 힘들다. 부과방식은 자신이 낸 보험료가 적립되지 않더라도 후세대가 보험료를 납부하여 자신을 부양해줄 것이라는 믿음이 전제되어 있어야 한다. 이러한 신뢰가 없는 상태에서 기금을 소진시키는 것은 국민연금의 미래 전망에 대한 불신을 증폭시켜 가입자의 국민연금 이탈을 불러올 수 있다. 부과방식 전환은 국민연금에 대한 역사적 신뢰가 일정 수준 이상 형성된 상태에서 가능한 이야기로 후세대가 판단해야 할 몫이다.[76)]

지금부터라도 국민연금기금이 지나치게 과대화되는 것을 완화하기 위해 노력해야 하지만 국민연금기금이 상당히 오랜 기간 거대하게 쌓이는 것은 피할 수 없는 사실이다. 그러므로 이제 국민연금기금의 중장기 자산운용전략이 마련되어야 한다. 최근 부상하는 사회책임투자(SRI, Socially Responsible Investment)에 주목할 필요가 있다. 사회책임투자는 단순히 재무적 수익률을 기준으로 투자를 행하던 종래 방식에서 벗어나 환경, 윤리, 고용 등 비재무적 사회적 가치들을 기준으로 삼는 투자를 의미한다. 사회책임투자는 처음에 종교재단, 공공재단 등이 '돈에도 윤리가 있다'는 신념하에 시작한 '비판적 · 의식적' 투자운동이었지만 현재는 미국 펀드시장의 12%를 차지할 만큼 주류로 성장해 있다.[77)]

사회책임투자의 활성화는 주요 선진국에서 연기금운용 시 사회책임투자를 준수하도록 하는 법제화로 이어지고 있다. 〈표 26〉에서 보듯이, 영국은 2000년 연금법 개정을 통해 '연금펀드를 운용하는 모든 주체들은 투자 포트폴리오를 구성할 때 사회, 환경, 윤리, 세 요소를 고려할 뿐 아니라 주주로서의 권리를 성실하게 이행한다'는 사실을 공개적으로 밝히도록 했다. 호주도 2002년 재정서비스법 개정으로 연기금펀드 같은 '투자 상품의 제공자는 상품설명서에 노동기준, 환경, 사회,

윤리적 고려사항이 투자 선택, 유지, 취득에 어느 정도 고려되는지 공개' 할 것을 의무화했다. 독일, 프랑스, 스웨덴도 이와 유사한 법 개정을 완료했다.

이제 사회책임투자는 단순한 윤리적 투자운동이 아니라 현대 자본주의의 금융자산운용에서 핵심적 흐름으로 부상하고 있다. 최근 주요 기업들이 사회책임(CSR, Corporate Social Responsibility)을 강조하고 있고, OECD나 유엔(UN)을 중심으로 기업의 사회책임을 강조하는 기준들도 생겨나고 있다. 더욱이 2008년에는 국제표준화기구(ISO, International Organization for Standardization)에서 기업책임 국제기준을 제정할 예정이

〈표 26〉 연기금의 사회책임투자와 관련한 외국 법 사례[78)]

국가	관련법	내용
영국	연금법 (2000)	연금펀드를 운용하는 모든 주체들은 투자 포트폴리오를 구성할 때 사회, 환경, 윤리의 세 요소를 고려할 뿐 아니라 주주로서의 권리 성실 이행 의무화
호주	재정서비스법 (2002)	연기금펀드 같은 투자 상품의 제공자는 상품설명서에 노동기준, 환경, 사회, 윤리적 고려사항이 투자 선택, 유지, 취득에 어느 정도 고려되는지 공개할 것을 의무화
독일	AltZertG (2002)	연금제도가 윤리, 사회, 환경적 측면을 고려하여 투자하고 있는지 공개할 것을 의무화
프랑스	Fabius Act (2101)	윤리, 사회, 환경적 측면을 고려하여 투자하고 있는지 공개할 것을 의무화
스웨덴	국가연금법	UN협약 기준으로 사회책임투자 방침 채택

어서, 이것이 국제교역의 주요한 규제 항목으로 자리 잡을 개연성도 크다.

국민연금기금 역시 사회책임투자 흐름에서 자신의 기금운용 전략을 마련할 필요가 있다. 우리나라처럼 소수 재벌 기업집단과 외국 금융자본이 경제 핵심부문을 독과점하고 있는 상황에서 국민연금기금은 균형을 갖춘 투자자가 될 수 있다. 예를 들어 금융산업은 모든 기업이 공동으로 발을 디뎌야 하는 운동장과 같다. 이 운동장이 특정 기업이나 자본에 기울지 않도록 하기 위해서는 가입자를 대표한 국민연금기금이 금융산업에서 주요한 역할을 담당해야 한다. 또한 공공임대주택이나 노인을 위한 노인요양시설 등 국민연금 가입자를 대상으로 하는 사업들도 국민연금기금에 적합한 부문이다.

물론 국민연금기금의 중장기 운용전략을 공공적 방향에서 마련하는 것이 쉬운 일은 아니다. 여기서 두 가지 문제가 제기된다. 첫 번째는 국민연금기금이 지닌 세 가지 운용원칙, 즉 안정성, 공공성, 수익성을 어떻게 조화시킬 것인가 하는 문제이다. 국민연금기금운용에서는 수익성과 공공성이라는 원칙 간의 갈등이 계속 발생할 것이다. 가입자들의 동의가 전제된다면 노인복지 서비스에 국민연금기금이 일조하는 사회공공적 투자를 늘릴 수 있고, 반면에 기금수익을 강조한다면 다른 민간 펀드처럼 시장 최고수익률에 종속될 것이다. 이 모두 가입자가 결정할 몫이다. 두 번째 문제는 국민연금기금운용을 기획하고 감독할 수 있는 가입자의 능력을 키우는 일이다. 국민연금기금운용은 자본주의시장의 최고봉으로 불리는 자산운용

시장의 활동으로, 소수의 자산운용자들에 의해 독점되는 영역이어서 내외부 감사가 쉽지 않다. 국민연금기금의 운용 과정에서 가입자단체를 대변할 수 있는 전문가들이 양성될 수 있도록 목적의식적인 개입전략이 요구된다.

3. 국민연금, 어떻게 개혁할 것인가

(1) 초고령 한국사회와 연금재정 규모

국민연금 개혁은 우리의 노후 생계를 준비하는 일이면서 동시에 후세대의 부담 규모를 정하는 일이다. 국민연금 개정안이 장래 보험료율과 급여율에 영향을 미치므로 현세대에 부과된 도덕적 책임 역시 막중하다. 우리가 후세대에게 요청할 수 있는 연금부담은 어느 정도인지 미래에 지속가능한 국민연금의 재정규모를 생각해보자.

국민연금은 2006년 보험료로 21조 원을 거두어 연금으로 4조 원을 지출한다. 당해 수지만 본다면 17조 원이 흑자다. 국민연금기금운용으로 벌어들인 수익 9조 원을 합치면 무려 26조 원의 당기순익을 얻은 셈이다. 이러한 수익구조는 2036년까지 앞으로 30년간 지속된다. 기업으로 치면 국민연금관리공단은 최고 우량기업이다.

국민연금은 가입자가 젊었을 때 보험료를 내고 나이가 들어 은퇴할 때 연금을 받는 적립방식 제도이다. 당기손익 결과는 중요하지 않다. 신규 가입자가 미래에 연금수령자가 될 시점의 장기 재정이 중요하다. 국민연금은 가입자에게 2배 이상의 수익비를 보장하는데다가 저출산 고령화로 노인부양비마저 커져 후세대 부담이 만만치 않을 전망이다.

국민연금 제도가 장래에도 존속하려면 지출규모는 어느 정도여야 할까? 〈표 27〉에서 보듯이 국민연금발전위원회의 추계에 따르면 2005년 연금지출액은 GDP의 0.6%에 불과하지만, 2030년에는 3.3%, 2050년에는 7.1%, 2070년에는 8.4%로 증가한다. 이는 장래 고령화 정도를 감안하면 불가피한 일로 보여진다. 다른 나라를 보면 이미 2000년에 OECD 국가의 공적연금지출이 평균 GDP의 7.2%에 달했고, 유럽연합(EU) 국가들은 GDP의 10.4%에 이르렀다. 10%를 넘는 국가들도 이탈리아 14.2%, 프랑스 12.1%, 독일 11.8% 등을 포함해 여럿 있고, 이 나라들은 2050년에 약 14~17%로 연금지출이 더욱 증가할 것으로 예상된다.[79] 이에 비한다면 우리나라의 연금지출규모는 2070년에 이르러서야 현재 서구 수준에 도달하므로 국민연금에 대한 신뢰만 있다면 국민연금은 지속 가능할 것으로 보인다. 국민연금발전위원회도 미래 국민연금의 지출규모가 현재 OECD 평균지출 수준이므로 후

〈표 27〉 국민연금발전위원회 추계 국민연금 급여지출 규모
(급여지출/GDP)[80]

연도	2005	2010	2030	2050	2070
추정비율(%)	0.6	1.0	3.3	7.1	8.4

세대가 부담할 수 있을 것으로 가정하고 있다.

그러나 국민연금발전위원회가 제시한 8%대 지출규모는 실제에 비해 과소 추계된 수치다. 국민연금발전위원회의 연금지출 추계는 현행 국민연금 제도의 기본골격을 그대로 적용하여 이루어진 것으로, 납부예외자, 미납자 등 사각지대가 일부 용인된 수치다. 국민연금의 미래 재정을 추계할 때는 국민연금이 사각지대를 어느 정도 해소하여 정상적으로 발전한다고 전제하는 것이 옳을 것이다. 이 경우 후세대가 안게 될 연금재정 규모는 국민연금발전위원회가 추정하는 것보다는 커진다. 따라서 2070년 국민연금 제도의 미래지출 예상치는 8.4%보다 높아져 약 10%가 될 것으로 예상된다.[81)]

이때 국민연금과 별개인 특수직역연금의 지출규모도 고려해야 한다. 미래 공무원연금의 지출규모가 GDP의 1%를 넘게 되고, 여기에 군인연금, 사학연금지출까지 포함되면 특수직역연금의 총지출규모가 GDP의 2%에 육박할 것으로 추정된다. 이렇게 국민연금 사각지대와 특수직역연금 등을 모두 감안하면 미래 연금 지출규모는 약 12%에 이를 전망이다.[82)]

현행 공적연금 제도가 지속된다면 우리 사회도 향후 70여년 후 최고 GDP의 12%를 연금으로 지출하게 된다. 이는 현재 유럽연합 국가들이 부담하는 평균 연금지출에 비해 다소 높은 수준이다. 한국의 척박한 공공재정 현실을 감안할 때 어쩌면 아득한 수치일 수 있다. 그러나 불가능한 것은 아니다. 꾸준한 조세개혁을 통해 서구 수준의 국민부담률에 도달한다면 재정은 마련된다. 만약 장차 노인경제 활동을 활성화하여 연금 수급기간을 줄일 수 있다면 연금 지출규모는 예상보다 줄어들 수 있다.

그렇다면 다시 한번 질문을 던져보자. 미래에도 국민연금은 지속 가능한가? 지금 서구에서 행해지는 일을 앞으로 우리가 60~70년 동안 해내지 못할 까닭이 없다. 다만 그 성공 여부는 획기적 조세개혁, 노인의 일자리 안정화 등 전반적인 사회구조 개혁에 달려 있다. 이것은 국민연금의 미래 지속가능성을 위해 반드시 이루어야 하는 과제이면서 우리 사회를 정상적인 발전 궤도에 올리는 일이기도 하다. 우리 세대부터 후세대와 사회적 부양에 대해 이야기하며 국민연금 개혁의 중장기 청사진을 그려 나가야 할 것이다.

(2) 기초연금 도입

이제 우리가 생각해볼 수 있는 국민연금 개혁모델을 생각해보자. 필자는 새로운 대안모델을 설계하면서 다음의 원칙을 염두에 두었다. 첫째, 미래 기금 고갈 불안을 완화한다. 둘째, 고수익비 수정적립방식에 의한 세대 간 불공평을 줄인다. 셋째, 국민연금 사각지대 계층을 지원한다. 넷째, 재정조달이 가능한 연착륙방안을 마련한다. 이것에 대해 어찌 그러한 방안이 있을 수 있느냐고 반문하는 독자가 있을 것이다. 물론 여기서 제안하는 대안모델은 국민연금을 살리겠다는 국민들의 의지와 서구 수준의 조세개혁이 전제되어야 현실화될 수 있는 안이다.

국민연금 개혁의 탈출구는 기초연금 도입이다. 기초연금은 사각지대를 해소하는 가장 근본적인 방안으로, 대부분의 노인에게 일정 액수의 생활비를 지급하므로 소득재분배 효과도 무척 크다. 기초연금 도입의 손익을 따지면 재정을 주로 부담해야 할 상위 계층은 달가워하지 않겠지만 중하위 계층은 혜택을 받는다.

기초연금을 도입하면 공적연금의 실질급여율에 중요한 변화가 발생한다. 현행 국민연금 급여율 60%는 40년 가입을 기준으로 한 것이어서, 가입기간이 이에 못 미칠 경우 급여율이 낮아질 수밖에 없다. 수많은 납부예외자, 조기퇴직자, 주부 등으로 인해 2070년에 가입자의 평균 가입기간은 21.7년에 불과할 것으로 전망된다. 이 평균 가입기간을 적용할 경우 가입자들이 실제 받는 급여율은 법으로 정한 60%가 아니라 32.6%(60% × 21.7/40년)다.

반면 기초연금은 가입기간과 관계없이 모든 노인에게 15%

〈표 28〉 현행 제도와 대안모델의 명목급여율과 실질급여율 비교

(단위 : %)[83)]

제도	구성	명목급여율		실질급여율	
		단독가구	홑벌이가구	단독가구	홑벌이가구
현행	국민 60	60	60	32.6	32.6
대안	기초 15 + 국민 45	60	67.5	39.4	46.9
	기초 15 + 국민 40(B)	**55**	**62.5**	**36.7**	**44.2**
	기초 15 + 국민 35(A)	**50**	**57.5**	**34.0**	**41.5**
	기초 15 + 국민 30	45	52.5	31.3	38.8

의 급여를 지급한다. 따라서 기초연금이 도입되면 그만큼 공적연금의 실질급여율이 상향된다. 〈표 28〉을 보면, 기초연금이 실시될 경우 국민연금 급여율을 35%로 낮추더라도 실질급여율이 현행 32.6%보다 높은 34.0~41.5%가 되므로 평균 가입기간에 못 미치는 사람들은 지금보다 더 많은 혜택을 받게 된다. 또한 가입자에게만 연금이 지급되는 현행 국민연금에서는 가구 규모와 관계없이 연금액이 동일하지만, 대안모델은 기초연금 덕분에 생계비가 더 소요되는 홑벌이가구에 추가 연금이 지급되는 효과를 지닌다. 필자는 〈표 28〉에 제시된 여러 모델 중에서 국민연금 급여율 35% 모델을 대안 A, 급여율 40% 모델을 대안 B로 제안한다. 명목급여율 측면에서 보면, 대안 A는 현행 60%를 50.0~57.5%, 대안 B는 55.0~62.5%로 개편하는 안이다. 장래 재정안정에 좀 더 관심을 가진다면 대안 A를, 국민연금 역사가 짧아 실질급여율이 낮은 현실을 감안하면 당분간 대안 B를 채택할 수 있을 것이다.

기초연금 도입은 국가 재정 여력을 감안하여 단계별로 진행된다. 대안모델은 처음에 기초연금 급여율을 5%로 시작하고 1년마다 0.5%P씩 상향하여 20년 후에 최종적으로 15%에 도달하게 하는 방안이다. 국민연금 급여율도 이와 연동하여 대략 두세 차례 인하를 거쳐 40% 혹은 35%에 이르게 된다.

그렇다고 이 모델이 고정불변한 것은 아니다. 이 모델에서는 퇴직연금이 주요한 변수다. 퇴직연금은 2010년 중반 즈음이면 우리 사회에서 연금 제도로 정착될지의 여부가 판단될 수 있다. 만약 퇴직연금이 정상적으로 자리 잡는다면 새롭게

〈그림 9〉 미래 공적연금 대안모델[84)]

3층		퇴직연금
2층	35~40%	국민연금
1층	15%	기초연금
공적부조		기초생활보장제

1단계 개혁
2단계 개혁

3층 연금으로 역할할 수 있어, 국민연금 급여율이 그만큼 추가로 낮아질 수 있다.

정리하면 대안모델은 〈그림 9〉에서 보듯이 2단계 발전과정을 거친다. 1단계는 현행 국민연금 60%의 단일체계를 기초연금을 포함한 55% 혹은 50%의 이층체계로 전환한다. 1단계의 성공 여부는 기초연금 재원 조달을 위한 조세개혁에 달려 있다. 이후 퇴직연금이 전체 노동자에게 적용되면 2단계로 이전한다. 2단계의 성공 여부는 퇴직연금 현실화를 위한 고용주의 협력과 정부의 행정관리체계의 내실화에 달려 있다. 이렇게 되면 미래에는 우리나라에서도 퇴직연금을 포함하여 60~70% 급여율을 지닌 다층 노후보장체계가 자리를 잡을 수 있다.[85)]

(3) 대안모델을 위해 얼마가 필요한가

이제 대안모델이 필요로 하는 재정규모를 알아보자. 추계분석을 위해 1단계 개혁모델을 기준으로 계산했다. 〈표 29〉를 보면 대안 A의 재정규모는 2010년에 GDP의 2.0%로 시작하여, 2030년에 5.5%, 2070년에 9.2%까지 증가한다. 만약 퇴직연금이 도입되어 국민연금 급여율이 낮아진다면 그만큼 필요재정 규모도 줄겠지만, 일단 퇴직연금을 상정하지 않는다면 2070년에는 GDP의 9%대 가까운 재정이 필요하다.

미래 공적연금의 재정은 연금보험료와 세금으로 조성될 것이다. 보험료로 충당되는 국민연금의 경우 수정적립방식을 그대로 유지한다고 가정할 때, 필요보험료율은 60년 재정추계에서는 현행 9%로 충분하고, 70년 재정추계에서도 2030년까지 미미한 수준에서 인상하면 된다. 대안모델 A에서 가입자의 보험료 추가부담은 거의 없는 셈이다.

〈표 29〉 대안모델 도입 시 필요재정규모

(단위 : GDP 대비 %, 괄호 수치는 조 원)[86]

	2010	2020	2030	2040	2050	2070
기초연금 15%(a)	0.8 (7.4)	1.7 (22.9)	3.0 (49.6)	3.8 (72.1)	4.2 (90.0)	4.3 (98.0)
국민연금 35%(b)	1.2 (11.9)	1.8 (21.9)	2.5 (40.4)	3.5 (67.4)	4.2 (92.2)	4.9 (111.3)
국민연금 40%(c)	1.4 (13.6)	2.0 (25.0)	2.8 (46.2)	4.0 (77.0)	4.8 (105.4)	5.6 (127.2)
대안 A (a+b)	2.0 (19.3)	3.5 (44.8)	5.5 (90.0)	7.3 (139.5)	8.4 (182.2)	9.2 (209.3)
대안 B (a+c)	2.2 (21.0)	3.7 (47.9)	5.8 (95.8)	7.8 (149.1)	9.0 (195.4)	9.9 (225.2)

이런 점에서 볼 때 대안모델에서 해결해야 할 최대의 과제는 기초연금 재정이다. 국민연금은 가입자가 낸 보험료가 매년 적립되지만, 기초연금은 당해 세금으로 조성된다. 기초연금이 2006년에 5%의 급여율로 시작된다면 금액은 1인당 월 8만 원, 소요재정은 3조 원으로 추산된다.[87] 기초연금의 재정규모는 도입 초기에도 만만치 않지만, 향후 지급액이 인상되고 대상 인구가 늘어나기 때문에 빠르게 증가한다. 2006년을 기준으로 한 불변가격으로 향후의 기초연금을 추정해보면 2010년에는 7.4조 원, 2020년에는 22.9조 원, 2070년에는 GDP의 4.3%인 98조 원에 달한다.

〈표 30〉에서 보듯이 대안모델의 2070년 지출규모는 GDP 9%대로 현재 국회에 제출되어 있는 한나라당안 10.9%에 비해서는 다소 낮으나 정부 여당안인 7.1%보다는 높다. 여기에 현재 국민연금과 분리되어 있는 특수직역연금의 미래 급여

〈표 30〉 국민연금 개정안 필요 재정규모 비교(단위 : GDP 대비 %)[88]

개정안		2010	2020	2030	2040	2050	2070
정부 여당안	효도+국민 60%	1.1	1.8	3.0	4.8	6.0	7.1
유시민안	기초노령+국민 40%	1.2	1.9	3.0	4.3	5.1	5.9
한나라당안	기초 20%+국민 20%	2.3	4.3	7.1	9.3	10.4	10.9
대안 A	기초 15%+국민 35%	2.0	3.5	5.5	7.3	8.4	9.2
대안 B	기초 15%+국민 40%	2.2	3.7	5.8	7.8	9.0	9.9
EU 15개국	공적연금	10.4	11.5	13.0	13.6	13.8	-

〈표 31〉 한국과 OECD 국민부담률 비교

(단위 : GDP 대비 %, 괄호 수치는 조 원)[89)]

	조세부담률	사회보험부담률	국민부담률
OECD	26.8	9.5	36.3
한국	20.5	4.8	25.3
격차(금액)	6.3(50.4)	4.7(37.6)	11.0(88)

지출액 2%를 포함하면 대안모델의 공적연금 총지출규모는 11%대에 이른다.

과연 이러한 공적연금 지출규모를 우리 사회가 부담할 수 있는가? 물론 지금의 국가재정이나 사회복지 예산을 기준으로 보면 상상하기 어려운 규모이다. 그럼에도, 만약 노인의 경제활동이 활성화되어 수급기간이 줄어들거나 퇴직연금이 제자리를 잡을 경우 다소 낮아질 수는 있지만, 앞으로 도래할 초고령화 미래를 생각하면 공적연금 지출의 급속한 증가는 피할 수 없다. 유럽연합 15개국의 경우에도 공적연금 지출규모가 이미 2000~2010년에 GDP의 10.4%에 이르고, 2050년에는 13.8%에 달할 것으로 예상되고 있다. 우리 사회도 미래에 대비해 현재 유럽국가들이 지출하고 있는 수준만큼 국가재정을 확보하여 연금지출을 충당해야 한다.

국민연금 개혁에서 관건은 미래 연금재정을 어떻게 마련하느냐에 있다. 우리 사회에 재원이 없는 것은 아니다. 단지 오랫동안 낮은 조세체제가 고착화되어 왔을 뿐이다. 〈표 31〉에서 확인되듯이 2003년 조세와 사회보험료를 합친 우리나라 국민부담율은 GDP의 25.3%로 OECD 평균 36.3%에 크게 못 미친다. OECD 가입국가 평균만큼만 거두더라도 2005년 금액으로 일반회계 재정 50.4조 원, 전체 88조 원이 늘어날 수 있다. 이처럼 유럽 북구 복지국가 수준은 아니더라도 OECD 평균만큼만 조세와 보험료를 마련할 수 있다면 미래 연금 재원은 조달될 수 있을 것이다. 결국 국민연금 개혁의 성공 여부는 소득파악 인프라를 구축하고 국민들이 버는 만큼 세금과 보험료를 제대로 내는 조세개혁에 달려 있다.

(4) 개혁의 기대 효과

대안모델은 기존 논의 지형에서 보면 시민사회나 민주노동당의 주장을 상당히 반영하고 있다. 이 모델은 아직 현실성이 검증되지 않았으며 향후 조세개혁이라는 후속 과제와 결부되어 있다. 또한 대안모델은 중장기 단계별 개혁안으로서 기초연금 15%에 도달하는 데 무려 20년을 상정했다. 기초연금 재정을 마련하기 위한 조세개혁의 성숙 기간을 고려하고, 국민들이 부과방식 연금 제도에 익숙해지는 기간을 감안한 것이다. 그렇다면 대안모델이 자리를 잡으면 국민연금 논란에서 빚어진 문제들은 얼마나 해소될 수 있는가?

첫째, 대안모델은 미래 기금 고갈 논란을 상당 부분 잠재울 수 있다. 기금 고갈의 위협은 수정적립방식에서만 발생하는 독특한 현상이다. 기초연금 도입으로 국민연금의 일부분이 부과방식으로 전환되기 때문에 대안모델에서는 수정적립방식의 몫이 35~40%로 줄어든다. 2070년까지 기금을 유지하기 위한 필요보험료율도 현행 9%를 크게 넘지 않을 것이다. 이는 국민들 사이에 국민연금에 대한 신뢰가 조성된다면 현세대 가입자들이 충분히 수용할 수 있는 수준이다. 만약 완전적립방식인 퇴직연금이 도입되면 국민연금의 몫이 추가로 줄어들 수 있어 기금 고갈 논란은 더욱 가라앉을 것이다.

둘째, 대안모델은 국민연금 제도에 내재한 후세대 부담분을 일부 줄여준다. 수정적립방식은 고수익비에 따른 후세대 부담을 제도 내부에서 미리 확정해놓지만, 부과방식은 해당 시기 인구구조에 의해 후세대의 부담이 정해지는 제도이기 때문이다.

물론 고령화가 심화될수록 기초연금 재정을 마련해야 하는 후세대 부담도 커지는 것이 사실이다. 하지만 기초연금이 부과방식 제도로서 지금부터 세대에 걸쳐 정착된다면 이에 대해 후세대가 느끼는 심리적 저항감은 수정적립방식에 비해 크지 않을 것으로 기대된다.

대안모델에서 수정적립방식으로 후세대에게 부담지우는 '의도된 부채' 부분은 국민연금 35~40%이다. 현행 보험료율 9% 수준을 유지하면서 급여율이 60%에서 인하되기 때문에 대안모델 국민연금의 수익비는 지금보다 1/3 이상 낮아진다. 그만큼 후세대 부담은 줄어들게 되고 이후 퇴직연금이 현실화되어 국민연금 비중이 작아지면 추가로 경감될 수 있다.

셋째, 대안모델은 기초연금을 통해 사각지대를 부분적으로 해소할 수 있다. 기초연금은 1인 1연금 제도로서 소득이 없거나 낮아 국민연금에서 배제된 사각지대 노인에게도 지급된다. 기초생활보장제도가 최저소득 계층만을 지원하는 주변복지인데 반하여 기초연금은 대부분의 노인을 대상으로 하는 보편복지다. 이러한 면에서 기초연금의 도입은 한국 사회복지체제에 새로운 장을 여는 구조적 변화를 의미한다.

넷째, 기초연금은 실질급여율을 높여 용돈연금 비판을 다소 완화한다. 2070년이 되더라도 현행 국민연금에서 평균 가입기간은 21.7년에 불과해 실질급여율이 33%에 머무를 전망이다. 기초연금은 가입기간과는 독립적으로 모든 노인에게 최소한의 실질급여율 15%를 보장하므로, 여기에 국민연금 급여율이 합산되면 전체 급여율이 다소 인상될 수 있다.

맺 · 는 · 말—이제 사회적 부양으로

한국사회에서 어떤 제도보다도 쉽게 뿌리를 내리지 못하고 있는 것이 국민연금이다. 이 책에서는 이토록 국민연금에 대한 불신이 만연한 상황에서 국민연금을 제대로 살려보자는 취지로 지금까지 논의를 전개해왔다. 그럼에도 국민연금이 우리 사회가 가꾸고 지켜가야 하는 제도인지 아닌지를 판단하는 것은 결국 독자의 몫이다.

이 책을 통해 나는 국민연금 제도를 소개하고, 국민연금을 불신하는 국민들의 생각에 대해 객관적으로 정리해보고자 했다. 이어 정치권에서 제출한 개정안의 장단점을 살펴보고 대안모델을 제시했다. 이러한 일련의 과정은 국민연금이 비록 지금은 공공의 적으로 낙인 찍혀 있지만 앞으로는 사회연대 임금으로서 제자리를 잡아가길 바라는 소망에서 비롯된 것이다.

국민연금의 나아갈 길이 순탄치만은 않을 것이다. 여기서 제안한 대안모델로 국민연금 개혁 방향이 정해지더라도 여전히 넘어야 할 산이 크게 세 개 있다. 첫째는 가입자 간 보험료 형평성을 확보하고 장래 기초연금 재원을 마련하기 위해서는 조세개혁이다. 조세개혁이 한순간에 이루어질 수 있는 것이 아니기에 국민연금 개혁 역시 인내가 필요하다. 둘째는 국민연금에서 제외된 저소득 계층을 국민연금 안으로 포괄하는 일이다. 강력한 소득재분배 기능을 지닌 국민연금일지라도, 저소득 계층이 제도에서 배제된다면 국민연금의 사회연대성 자체가 심각하게 훼손될 수밖에 없다. 셋째는 고소득자의 보험료 책임을 높이고 공무원연금에 내부 재분배 기능을 도입하는 등 공적연금의 공공성을 강화하는 일이다. 이를 통해 사보험시장보다는 소득재분배 기능을 지닌 공적연금이 커나가야 한다.

먼저 조세개혁 과제를 살펴보자. 이 책에서 제안한 대안모델이 그리는 국민연금 청사진은 밝은 편이다. 하지만 아무리 장밋빛 미래를 제시하더라도 사업장 가입자와 지역 가입자 간의 소득파악이 공평하지 않다면 어느 쪽도 국민연금 개혁의 주체로 나서지 않을 것이다. 조속히 소득파악 인프라를 확충하여 조세형평성을 확보해야 한다. 이러한 소득파악 인프라 구축은 연금재정을 마련하는 기본 토대이기도 하다.

이런 맥락에서 볼 때 국민연금 개혁을 조세개혁이라 불러도 크게 어긋나지 않는다. 여기서의 대안모델 역시 조세개혁 없이는 현실화되기 어려운 방안이다. 만약 조세개혁이 이루어지지 않는다면 기초연금은 구현될 수 없으며, 정부 개정안대로 급여율이 인하될 개연성이 높다. 그렇게 되면 국민연금에 대한 불신과 실망은 더욱 커지고 공적연금은 뿌리 자체가 흔들릴 수도 있다.

이번 국민연금 개정 논란이 어느 선에서 매듭지어질 수 있다면 이제부터는 국민연금에 쏟아졌던 모든 에너지가 조세개혁으로 모아져야 한다. 국민연금 가입자를 대표한 시민사회단체들은 최소 5년의 중장기 조세개혁 국민운동본부 설립을 정부에 요구하고, 이를 기반으로 조세개혁활동을 선도해야 한다.

조세개혁이 필요한 영역은 크게 세 가지다. 첫째, 사업장 가입자, 지역 가입자의 보험료 형평성을 확보하는 소득파악 인프라 구축이다. 앞에서 살펴보았듯이 사업장 가입자는 지역 가입자가 소득을 적게 신고한다고, 지역 가입자는 자신들이 보험료를 전액 부담한다고 불만스러워한다. 현재 고소득 전문직뿐만 아니라 일반과세, 간이과세 자영자의 소득파악이 모두 부실하다. 고소득 전문직에 대해서는 엄격한 소득신고체계를 마련하고, 자영자 소득파악을 위해서는 간이과세제 폐지가 필수적이다.

둘째, 지금까지 남발되어온 조세감면을 정비해야 한다. 2005년 한 해 동안 감면해준 세금이 20조 원이다. 이 중에는 농어민, 서민을 위한 비과세 감면도 물론 있지만 불필요한 감면이 여전히 많다. 기업어음 세액 공제, 임시투자 세액 공제 등 일시적으로 허용해준 것들이 감면 제도의 특성상 한번 생기면 없어지지 않는 기득권이 되기 때문이다. 조세감면을 절반만 줄여도 매년 10조 원의 세수가 마련된다.

셋째, 직접세가 인상되어야 한다. 우리나라의 GDP 대비 직접세 비중은 약 10%로 OECD 평균 15%에 크게 뒤진다. 금액만 따져도 연 40조 원에 해당한다. 상위 20% 이내의 소득계층에 대한 소득세율을 인상하고, 국민의 환율방어 덕택에 호황을 누리는 극소수 재벌대기업들은 법인세를 더 내야 한다. 부동산 부유 계층은 외국의 부자만큼 보유세를 납부하고, 불로소득에 가까운 부동산 시세차익은 가능한 한 세금으로 환수돼야 한다. 동시에 노동자, 서민의 조세 책임도 강화될 필요가 있다. 현재 노동자, 자영자 중 절반이 세금을 내지 않는 면세자다. 금액이 상징적인 수준이라 하더라도 일정 액수의 세금을 내고 조세개혁의 주체로서 정부와 상위 계층에 직접세 인상을 요구하는 것이 보다 적극적으로 권리를 찾고 행사하는 방법일 것이다.

국민연금 개혁에서 이후 추가로 넘어야 할 두 번째 산은 저소득 계층에 대한 연금보험료 지원이다. 이들은 국민연금의 수혜자가 되어야 함에도 보험료가 부담스러워 국민연금을 회피하고 있다. 비록 기초연금이 도입되더라도 보험료를 납부하지 못하면 국민연금을 함께 받지 못하기 때문에 이들에게 돌아가는 것은 기초연금 15%뿐이다. 기초연금이 연금급여의 사각지대를 해소하듯이 저소득 계층의 보험료를 지원하여 국민연금 가입의 사각지대를 완화해야 한다.

대표적인 지원대상은 저소득 비정규직 노동자와 영세 자영자이다. 아직 사업장 가입자로 편입되지 못한 비정규직 노동자들을 조속히 사업장 가입자로 전환하게 하고, 이를 위한 인센티브로, 노동자와 고용주에게 보험료 일부를 지원해줄 필요가 있다. 특히, 영세 자영자를 지원하기 위해서는 미비한 소득파악 문제가 시급히 해결돼야 한다. 최근 저소득 근로자 소득에 대한 지급조서 제출이 의무화되었고, 근로소득보전세제(EITC, Earned Income Tax Credit) 도입으로 저소득 계층의 소득파악 작업이 본격화되는 등 이전보다 소득파악 인프라가 강화되고 있어 조만간 행정적으로 지원방안 설계가 가능할 것으로 기대된다.

저소득계층 보험료 지원을 위한 재원은 가입자 간 연대를 통해 마련되는 것이 가장 이상적이다. 예를 들어 200만 명의 저소득 계층에 월 5만 원씩 보험료를 지원한다면 연 1조 2,000억 원이 소요된다. 이 경우 정부 일반회계에서 지원하기 어렵다면 조세개혁이 정상 궤도에 오르기 전까지 기존 국민연금기금을 활용하는 방안도 논의 가능하다. 2005년 현재 쌓여 있는 국민연금기금의 86%가 사업장 가입자들이 납부한 보험료와 기금수익으로 이루어져 있다. 상대적으로 양호한 지위에 있는 이들이 대승적 결단을 행한다면, 저소득 노동자들의 국민연금 가입이 활성화될 수 있다. 여기에 고소득 가입자들이 보험료를 누진적으로 납부하고 정부가 국민연금기금 이차 미보전액을 지급한다면 재원 마련은 더 수월해질 것이다. 혹 이 제안이 사회연대를 확인하고 사각지대를 해소하는 방안일는지 모르지만 지나치게 이상적인 바람에 불과하다고 비판할지 모르겠다. 이것 역시 국민연금 가입자들이 선택할 몫이다.

국민연금 개혁을 위해 넘어야 할 세 번째 산은 공적연금의 사회공공적 성격을 강화하는 일이다. 공적연금이 사보험과 다른 이유는 연금 제도를 통해 사회적 형평성을 높이기 때문이다. 이러한 면에서 현행 공적연금에는 손질이 필요한 항목들이 있다.

첫째, 국민연금 보험료체계에서 고소득자의 보험료 책임이 강화되어야 한다. 국민연금에서 소득상한등급이 360만 원으로 정해진 까닭에 보험료에서도 상한이 발생한다. 월수입이 360만 원인 가입자와 5,000만 원인 사업가가 동일한 보험료를 내고 있다. 현행 제도에서는 낸 만큼 연금을 받기 때문에 불가피하게 보험료를 제한할 필요가 있다. 그렇다면 해결 방법은 없는가? 답은 간단하다. 보험료 상한선을 올리는 대신 일정 수준 이상의 연금을 받지 못하도록 급여 상한선을 정하면 된다.

이에 대하여 고소득 가입자의 불만이 커질 수 있다. 하지만 평균수명을 생각하면 불만을 제기할 일은 아닐 듯싶다. 일반적으로 상위 계층일수록 수명이 긴 편이다. 현행 국민연금은 계층별 수명의 차이를 반영하지 않고 모든 계층에 평균수명을 적용하므로 상위 계층은 국민연금 급여체계에서 '숨겨진' 장수 프리미엄을 누리고 있다. 이제는 국민연금 외에 다양한 노후 생계수단을 가지고 있는 상위 계층 가입자의 양보가 필요한 때이다.

둘째, 사보험의 지나친 확산을 막아야 한다. 자본주의 사회에서 사회공공성을 해치는 회사일수록 신문에 전면광고를 많이 낸다고 한다면 억측일까? 부동산 광고와 사보험 광고를 보라. 부동산 거품의 피해는 주로 서민의 호주머니로 떨어지고 국민연금 보험료에 저항하는 서민들이 어려운 형편에도 암보험, 생명보험에 들고 있다. 특히 가입자의 수익비가 0.8배 안팎에 불과한 사보험은 미래의 은인이고, 수익비가 2~3배에 달하는 국민연금은 호주머니 갈취자로 알려져 있다. 공적보험에 대한 불신과 잘못된 정보로 인해 서민들이 오히려 국민연금의 혜택을 입지 못하는 어처구니없는 현실이다. 사보험에 지불한 보험료를 공적보험료로 전환하기만 해도 무상의료와 노후소득보장은 먼 미래 일이 아니다.

셋째, 조속히 가입자들이 중심이 되어 국민연금기금의 공공적 운용 방안을 논의해야 한다. 일부에서는 국민연금을 부과방식으로 전환하여 기금운용 문제를 근본적으로 해결하자고 주장하기도 한다. 하지만 국민연금에 대한 신뢰와 세대 간 연대가 조성되지 않는 한 인위적인 기금 축소는 공적연금의 소멸로 이어질 위험이 있다. 기초연금 도입으로 기금규모를 일부 줄일 수는 있지만 상당히 오랜 기간 기금은 늘어날 수밖에 없다. 가입자의 입장에서 연금기금을 통해 국민경제의 건전화를 이루고, 노인요양시설이나 공공임대주택 등 가입자의 복지에 기여하는 구체적인 기금운용 방안을 개발해야 한다.

넷째, 사회연대를 위한 열린 자세로 공무원연금이 개혁되어야 한다. 현재 공무원연금 개혁방안 없이 국민연금 개혁안을 제출하기는 어려운 상황이다. 당사자인 공무원들과 긴밀히 논의하여 진취적인 개혁방안을 만들어야 한다. 원래 공적연금은 하나의 호주머니로 운영되는 것이 정도(正道)다. 그래야 남의 떡이 커 보이는 불신을 사전에 차단하고, 사회연대 정신을 키울 수 있다.

지금까지 서술된 〈맺는말〉에서도 확인되듯이, 국민연금 개혁을 위한 대안모델이 제시되었지만 이를 구현하기 위하여 넘어야 할 산이 한둘이 아니다. 그럼에도 국민연금 개혁의 성공여부를 판가름하는 단어 하나를 꼽으라면 그것은 바로 '신뢰'다. 국민연금이 직면한 문제의 원인이 분명한데도 해법이 나오지 않는 이유는 국민연금의 주인인 가입자가 국민연금을 불신하기 때문이다. 국민연금의 근본적인 해법은 보험수리적 분석에 따른 대안이 아니라 사회정치적 신뢰에 달려 있다.

어떻게 국민연금에 대한 신뢰를 만들 것인가? 앞에서 나는 국민연금의 불신을 조장해온 정부를 비판하고 진정한 사과를 요구했다. 그리고 이와 더불어 여기서는 시민사회단체의 책임을 강조하고자 한다. 2006년 6월 노동, 농민, 시민, 여성, 소비자 등 가입자를 대표하는 시민사회단체들이 모여 '전 국민 노후소득보장을 위한 국민연금의 근본적 개혁'을 촉구하는 공동기자회견을 가졌다. 이들은 국민연금 개혁을 사회적 합의에 기초하여 추진할 것, 노후소득보장 원칙을 실현할 것, 사각지대를 해소할 것 등을 요구하며 연금개혁의 사회적 협의기구 구성을 요구했다. 그러나 아쉽게도 이 회견문은 지난 2~3년간 줄곧 주장해온 원칙적 선언 이상을 담지 못하고 있다.

시민사회단체들은 국민연금 개혁대안을 적극적으로 제출하고 공론화하기보다는 정치권의 개정안을 비판하는 활동에 머물러 왔다는 지적에서 자유롭지 못할 것이다. 2006년 6월 종교, 여성, 시민, 노동, 경제, 정부 등이 참가하는 저출산고령화대책 연석회의는 연금제도 개선을 위한 연석기구를 만들기로 합의했다. 이제 정부나 정치권의 과잉 정치화된 개정안이 아니라 가입자단체의 신뢰와 의지를 담은 개정안이 필요하다. 이러한 작업에는 사업장 가입자를 조직적으로 대표하는 노동계의 역할이 특히 중요할 것이다.

이제 글을 마무리할 때가 되었다. 이 책을 시작하면서 사회임금이라는, 아직은 우리 사회에 익숙지 않은 용어를 전면에 내세웠다. 심지어 국민연금을 사회임금이라고까지 명명했다. 자본주의 사회에서 우리는 시장임금과 사회임금을 얻을 수 있다. 시장임금은 노동시장에서 능력대로 벌고 취향대로 쓰는 돈이다. 반면 사회임금은 노동시장에서 번 돈을 한 주머니에 모아 전체 사회구성원의 필요에 따라 다시 나눠 갖는 재정이다. 한국사회는 지난 반세기 동안 산업화를 겪으면서 오로지 시장임금에만 의지해왔다. 그만큼 시장의 폭력에 노출된 사람들이 힘겨운 삶을 살아야 했다. 이제 사회임금에도 눈을 돌려야 한다. 사회임금의 취지에서는 비정규직 노동자든 우리 동네 자영자든 아이가 있으면 아동수당을 지급받고 몸이 아프면 경제적 부담 없이 진료를 받을 수 있어야 한다. 고령화가 심화되고 있는 한국사회에서 새롭게 떠오르고 있는 노후생계 문제 역시 해결방향은 사회임금이다.

다가올 21세기는 초고령 시대라 한다. 대다수 사람들이 시장임금을 얻는 노동시장에서 벗어난 이후 오랜 기간 노인으로 살아야 한다. 한국사회가 계속 시장임금에 의존하는 사회로 머무는 한 많은 사람이 노인 빈곤으로 고통 받을 것이다. 그러므로 이제부터 노후생계는 가족 부양보다는 사회적 부양에 토대를 두어야 한다. 이것이 오늘날 우리가 공공의 적으로 몰린 국민연금을 모든 노인을 위한 사회연대 임금으로 다시 세워야 하는 이유이다.

보론 1—안티 국민연금의 '8대 비밀' 비판적으로 읽기

2004년 초여름 '국민연금 8대 비밀' 이 우리 사회를 뒤흔들었다. 인터넷에 올라온 짧은 글이 이토록 큰 반향을 일으킬 줄은 누구도 예상하지 못했다. 이 과정에서 안티 국민연금이라는 새로운 세력이 형성되었다. 안티 국민연금운동은 일반 국민들의 정서를 잘 반영하고 있다. 지금까지 국가의 권위주의적 행정, 취약한 사회복지, 무리한 연금보험료 징수 등을 몸으로 느낀 국민들은 이러한 안티 국민연금운동에 공감했다.

하지만 안티 국민연금운동을 통해 국민연금 제도의 결함을 지적하는 것은 옳지만, 국민들의 분노가 국민연금 제도를 더욱 불신하는 방향으로 나아가는 것은 안타까운 일이다. 만일 이러한 움직임이 국민연금 폐지론으로 확대될 경우 노후생계의 계층별 격차가 심화되는 '의도하지 않은 결과' 를 맞을 수도 있다. 이에 여기서는 안티 국민연금운동의 논리적 근거가 되었던 국민연금 8대 비밀의 주요 내용을 네 가지로 나누어 비판적으로 검토하고자 한다.

1. 살릴 것

8대 비밀에는 경청할 만한 내용이 담겨 있다. 저소득 지역가입자가 겪는 보험료 부담 문제가 그것이다. 국민연금은 소득기준이 임의적이고 보험료 징수도 권위적이다. 실제로 소득이 없는데도 보험료가 부과되고 항의하면 깎아주기도 한다. 이런 식이다 보니 사실상 강제로 가입된 후 이어서 보험료를 체납했다고 가압류마저 당하게 되면 가입자는 억울할 뿐이다.

현행 국민연금법에 따르면 지역 가입자의 소득은 가입자의 '신고소득'을 기준으로 책정된다. 그런데 국민연금관리공단은 가입자의 무관심에 편승하여 자체 작성한 추정소득을 사실상 가입자의 소득으로 인정하는 '무리수'를 두어 왔다. 그 결과 이와 관련한 민원이 끊이지 않았고 이는 국민연금에 대한 불신으로 이어졌다. 동시에 IMF 구제금융 이후 강화된 소위 공기업 경영혁신으로 국민연금관리공단 노동자들도 징수율을 높이기 위해 과도한 집행을 강요당하고 있다. 2003년에는 지역 가입자 보험료 징수를 담당하던 노동자가 이러한 불합리한 업무 현실에 항의하며 스스로 목숨을 끊기도 했다.

이 문제의 원인은 자영자 소득파악에 있다. 우리 사회는 지역 가입자에 대한 정확한 소득자료를 가지고 있지 못하다. 지역 유지, 자영자를 정치적 지지자로 둔 보수정치권이 자영자 소득파악을 가로막아왔고, 여기에는 국세청의 책임 방기도 한몫을 했다. 지금까지 국세청이 과세자료를 확보한 자영자 수는 전체의 약 30%에 불과하다. 이러한 현실 때문에 직접 보험료를 징수해야 하는 건강보험공단, 국민연금관리공단이 자체적으로 지역 가입자의 보험료 부담 능력을 판단하고 있다. 이렇게 미비한 소득파악 체계는 이전에 건강보험 재정통합을 지연시켰고, 지금까지 국민연금 보험료 형평성 문제를 낳고

〈표 32〉 국민연금 8대 비밀 주장과 평가

	내용	주장	평가
1. 중복급여 금지	배우자는 사망자의 유족연금과 자신의 국민연금 중 하나를 포기	국가가 사망자 연금 착복	중복급여 금지원칙 정당하나 일부 추가급여 인정 필요
2. 유족연금 수급조건	부인이 연 500만 원 이상의 소득이 있으면 유족연금 지급 정지	사실상 유족연금 수급 불가능	기준금액 완화 필요
3. 소득 발생 시 연금 삭감	아파트 경비원으로 80만 원 벌면서 연금 20만 원 받는 노인 홍보 방송	수급권 박탈을 숨긴 거짓 방송	기준금액 완화 필요
4. 보험료 상한선	연봉 6,000만 원 최씨와 재벌회장의 연금보험료 동일	보험료 비형평성	보험료 상한선 높이되 급여 상한선 신설 필요
5. 체납 보험료 강제 차압	연금보험료를 내지 않았다고 차압	보험료 체납은 일반적 채무 아님	체납행정의 유연화 필요
6. 보험료 신용카드 납부	미납 연금보험료 신용카드 납부 강요	신용불량자 양산	체납행정의 유연화 필요
7. 국민연금과 세금	국민연금을 세금과 같이 차압 강행	국민연금은 강제 세금	연금액이 소득과 비례하므로 세금과 다름
8. 장애연금 등 수급권 제한	기금 고갈이 예상되자 약속을 어기고 연금 지급 제한	노후대책 홍보와 모순	중복급여 조정 불가피

있다.

공적연금 재정의 주요 원천은 보험료다. 지금 조건에서는 업종, 지역, 소득, 재산 등 복합적 기준을 활용하여 소득을 추정할 수밖에 없다. 대신 억울한 가입자가 생겨나지 않도록 민주적으로 집행하는 것은 필수다. 이의신청 절차를 간소화하고 가입자의 소명을 적극적으로 수용해야 한다. 강제 처분도 파렴치한 체납자라는 사실이 분명한 경우에만 이루어져야 한다.

그럼에도 저소득 계층은 보험료가 부담스러운 것이 현실이다. 보험료 납부가 힘겨운 저소득 계층에 대한 보험료 지원책이 필요하다. 지금으로서는 소득인프라 구축에 박차를 가하면서 동시에 저소득 계층의 연금보험료를 사회가 나서서 지원하는 것이 최선의 방안이다. 또한 실질 연금수령자가 주위에서 확인되어, 국민연금이 어떠한 사보험과도 견줄 수 없는 공적 제도라는 인식이 자리를 잡을 때까지 그리고 지역 가입자의 소득파악이 일정 수준에 도달할 때까지는 징수행정의 유연화도 불가피하다.

한편 지역 가입자의 소득파악 문제를 이유로 지역 국민연금을 사업장 국민연금과 분리하여 선택제로 전환하자는 주장도 있다. 그러나 현재 상황에서 선택제를 시행하는 것은 지역 국민연금을 폐지하는 것이나 마찬가지며, 이는 다시 사업장 국민연금에도 동일한 효과를 미칠 것이다. 지역 국민연금의 분리 혹은 폐지는 우리 사회에 구조적 문제인 자영자 소득파악과 조세개혁 과제를 지연시키고, 저소득 계층에게 불리한 사보험시장의 팽창을 야기할 것이기에 매우 위험한 주장이다.

지역 가입자 보험료 체계에 문제가 많은 것은 사실이다. 그래도 국민연금의 틀 안에서 문제를 푸는 것이 잃는 것보다 얻는 것이 많다. 지금까지 드러난 문제점들은 연금행정의 민주화와 저소득 계층에 대한 보험료 지원으로 상당 부분 해결될 수 있다. 서구 노동자들이 최우선적으로 지키고자 하는 제도가 공적연금이라는 사실을 되새겨 보아야 한다.

2. 보완할 것

8대 비밀이 제기하는 연금보험료 상한선 문제는 의미 있는 지적이다. 웬만한 정규직 노동자와 재벌 총수의 연금보험료가 같다니 화가 나는 것은 당연하다. 현재 연금보험료를 부과하는 기준소득은 22만 원에서 360만 원까지 45등급으로 정해져 있다. 이 상한선 제도 때문에 아무리 소득이 많더라도 최상 소득이 360만 원으로 간주되어 보험료도 360만 원의 9%인 32만 4,000원(사업장 가입자 본인부담 보험료는 16만 2,000원)을 납부하면 그만이다.

그런데 8대 비밀이 지적한 대로 연금보험료 상한선을 폐지하거나 기준금액을 인상하면 문제가 해결되는가? 그렇지 않다. 이는 오히려 국민연금의 재정을 더욱 악화시킬 뿐이다. 예를 들어 정부가 8대 비밀 대책으로 검토했던 상한선 인상방안(보험료산정 소득상한액을 360만 원에서 400만 원대로 상향)을 적용하면 부자에게 더 많은 연금액을 지급하게 될 뿐이다.

왜 그런가? 앞에서 살펴보았던 국민연금 급여 산정식을 다시 기억해보자.[90)]

현행 국민연금 제도에서 지급되는 급여액은 세 가지 몫으로 구성되어 있다. 하나는 모든 가입자의 보험료를 평균해서 분배하는 금액이다(균등분 A). 여기서 계층간 소득재분배가 발생한다. 둘째, 자신이 낸 보험료와 비례하는 금액이다(비례분 B). 보험료를 많이 내는 만큼 타는 연금액도 커진다. 셋째, 연금액은 개인별 가입기간에 비례한다(가입기간 n).

이러한 급여 산정식에 따르면 최상위소득 가입자 역시 자신이 낸 보험료보다 많은 급여를 받는다. 원래 공적연금은 저소득 가입자에게 가능한 한 많은 급여를 제공하고 대신 고소득 가입자는 낸 것보다 덜 받도록 설계되어야 한다. 그런데 국민연금은 고소득자에게도 높은 수익을 제공함으로써 그만큼의 부담을 고스란히 후세대에 넘기고 있다.

보험료 상한선 문제는 반드시 급여 상한선과 함께 다루어져야 한다. 현행 제도에서는 보험료를 많이 낼수록 연금도 많이 받기 때문에 연금보험료 상한선을 없애거나 높일 경우 반드시 연금급여액에는 상한선을 두어야 한다. 여기에 보험료 누진율을 적용하면 연금의 공공성은 더욱 강화될 것이다.

3. 버릴 것

8대 비밀의 문제점은 공적보험에 대한 연대철학이 없다는,

다시 말해 시장논리에 갇혀 있다는 점이다. 국민연금에 가입한 맞벌이부부 중 한 사람이 사망할 경우 배우자는 자신의 노령연금과 유족연금 중 하나만 선택해야 한다. 8대 비밀은 이를 두고 국민연금이 사망자의 보험료 원금을 삼켜버렸다고 비판한다. 최소한 자기가 낸 돈은 돌려주어야 합리적이라는 것이다. 자본주의 사회에서는 당연한 말일 수 있다.

그런데 다시 생각해보자. 국민연금은 공적 제도로서 소득재분배 기능을 가지고 있다. 모든 가입자가 낸 만큼 받는다면 어떻게 재분배가 일어날 수 있는가? 특별한 묘안은 없다. 상위 계층이 보험료를 낸 것보다 덜 받거나 혹은 두 가지 수급권을 가진 사람이 하나를 양보해야 한다. 이는 사회적 취약계층을 착취하는 부등가교환이 아니라 이들을 지원하기 위한 사회연대교환이라는 점에서 정당하다.

두 수급권을 조정한다는 의미에서 '병급조정' 이라고도 불리는 이것은 공적연금 제도에서는 불가피한 조치다. 유족연금은 원래 노령연금 수급권자를 위한 것이 아니라 가입자가 사망할 경우 생계가 막막해지는 유족을 위한 연금이다. 만약 이 유족이 자신의 노령연금을 받고 있다면 새로 생긴 유족연금은 양보하는 것이 옳다. 서구의 공적연금에서도 일부 추가급여를 보조할 수는 있지만 두 수급권을 모두 인정하는 경우는 없다.

2004년 당시 병급조정은 총 3,800건 발생했다. 수급권 발생 순서에 따라 두 유형으로 구분되는데, 유족연금/노령연금이 2,100건, 노령연금/유족연금이 1,700건이다. 이 중 전자는 상대적으로 논란이 적을 수 있다. 배우자가 사망하여 유족연금을 받다가 60세가 되어서 자신에게 노령연금 수급권이 발생하는 경우이다. 이때 배우자는 기존의 유족연금이나 신규 노령연금 중 하나를 포기하더라도 이미 일정 금액의 유족연금을 받았기 때문에 손실감은 덜하다.

반면에 노령연금/유족연금의 경우 민원이 심각한 수준이다. 노령연금을 받다가 남편이 사망해서 유족연금이 추가로 발생하는 경우인데, 이때 배우자는 자신의 노령연금을 받고 있다는 이유에서 유족연금을 포기해야 한다. 만일 남편이 노령연금을 제대로 받아보지 못하고 사망했다면 유족인 배우자는 억울한 생각이 들 수 있다. 하지만 공적연금의 취지에서 볼 때는 한 가지 연금만 받는 것이 옳다. 이러한 양보가 있어야만 가장의 조기 사망으로 생계가 막막한 다른 가입자의 유족들이 유족연금을 받을 수 있다. 현행 국민연금은 단 1개월만 가입하더라도 가입자 사망 시 유족연금을, 장애 발생 시 장애연금을 지급하고 있다. 유족 혹은 장애인의 생활지원을 위해 가입자가 당시까지 낸 보험료 총액과 무관하게 국민연금에서 정한 연금을 지급한다. 국민연금의 기본원칙은 가입자가 돈을 얼마나 많이 냈느냐보다 가입자의 유족이 생활능력이 있느냐 없느냐에 있다. 8대 비밀에서 제기한 2004년 중복급여 금지로 '연금을 착복당한' 사례는 3,800건인데 반해, 가입자의 사망으로 유족연금의 혜택을 받고 있는 사례는 20만 건에 달한다. 이처럼 놀라운 사회연대가 국민연금을 통해 행해지고 있다. 아직 유족연금액 수준이 생계를 유지하기에는 낮은 것이 사실이다. 그렇다고 공적연금에 교묘히 들이대는 '낸 만큼 받아야

겠다' 는 시장논리는 단호히 거부되어야 한다.

이러한 국민연금의 중복급여 조정은 다른 공적보험과의 관계에서도 적용된다. 만약 근로자가 산업재해를 당하여 산재보험에서 장애급여나 유족급여가 발생하면 이때 국민연금은 장애연금이나 유족연금을 절반만 지급한다. 또한 55~65세의 국민연금 수령자가 고용보험을 통해 실업급여를 받게 되는 경우에도 해당 기간 동안 국민연금의 지급이 중지된다.

물론 현행 제도 운영에도 문제는 있다. 중복급여 제한 여부와 무관하게 연금액이 너무 적다. 이는 국민연금 제도의 역사가 짧아 가입기간이 충분히 길지 못해 발생하는 문제다. 이러한 상황을 고려하여 국민연금이 성숙되기까지는 노령연금에 더해 유족연금 일부를 추가 지급하는 방안이 검토될 필요가 있다. 고용보험에서 나오는 실업급여를 이유로 국민연금 지급을 정지하는 것도 노인의 구직 노력에 찬물을 붓는 효과를 낼 수 있다. 일정한 수준에서 실업급여를 인정해주는 방안도 모색되어야 한다.

4. 과장된 것

8대 비밀은 주장한다. 유족연금 제도가 있지만 수급조건이 까다로워 받기가 어렵다는 것이다. 일부 경청할 내용이 없는 것은 아니지만 이러한 주장은 지나치게 과장되어 있다.

유족연금은 경제적 능력이 없는 유족을 지원하기 위한 것이다. 국민연금은 가입자였던 남편이 사망하면, 우선 부인에게 사망 후 5년간 유족연금을 지급한다. 유족에 대한 위로와 부인의 노동시장 진입 준비를 배려한 조치다. 이후 49세까지는 수급조건 해당 여부에 따라 선별적으로 유족연금을 지급하고, 50세 이후 다시 유족연금을 조건 없이 지급한다. 즉 배우자가 사망한 5년 이후부터 49세까지 유족연금 수급심사가 이루어지는 셈이다. 남편이 사망할 때 부인의 나이가 40세였다면 45세까지 유족연금을 받고 49세까지 수급조건 심사를 받으며 50세부터는 다시 조건 없이 유족연금을 지급받게 된다.

그러면 45~49세 동안 적용되는 수급조건은 무엇인가? 우선 부인의 연간소득이 500만 원 미만이어야 한다. 다시 말해 월소득이 42만 원이 넘으면 유족연금 지급이 중단된다. 이는 8대 비밀이 지적한 대로 불합리한 조항이다. 기준금액이 너무 낮게 책정되어 있다. 두 번째는 18세 미만 자녀 유무이다. 대부분의 경우 40대 후반 나이에 18세 미만 자녀가 있을 가능성이 높다. 즉 월소득이 42만 원을 넘더라도 18세 미만 자녀가 있는 배우자는 유족연금을 받을 수 있다. 실제 유족연금 수급권자 중 18세 미만 자녀가 없고, 소득조건이 기준을 넘어 연금수급권이 일시 정지되는 경우는 3.2%에 불과하다. 거의 대부분 유족연금이 지급되고 있다.

하지만 제도 내에는 결함이 있기 마련이고 이로 인한 피해자 역시 있다. 연소득 500만 원이라는 지나치게 낮은 기준선이 문제다. 최저임금이 월 70만 원인 현실에서 월 42만 원의 소득을 이유로 유족연금 지급을 중단하는 것은 타당치 못하다. 이는 재직자노령연금, 조기노령연금 지급 요건에서도 동일하게 발생하는 문제다. 소득이 있어 연금액을 일부 삭감하는 것은 타당하나 그 기준금액이 너무 낮다. 다행히 2006년 3월부터 국민연금법 시행령이 개정되어 기준소득을 월 157만원으로 대폭 상향했다. 이제는 월소득이 이 금액을 넘지 않는 한 유족연금, 재직자연금, 조기노령연금은 원래 금액대로 지급된다.

보론 2—공무원연금, 어떻게 개혁할 것인가

국민연금 논란이 불거질 때마다 거론되는 것이 특수직역연금이다. 공무원, 사립학교 교직원, 군인을 대상으로 하는 특수직역연금이 국민연금에 비해 급여가 후하다는 평가 때문이다. 군인연금과 공무원연금의 적자를 정부가 보전해주고 있으니 국민들이 불만을 느끼는 것은 당연하다. 이에 따라 정부도 2007년 초에 공무원연금법 개정안을 제출할 예정이며 어떠한 방식이든 국민연금 개혁과정에서 특수직역연금도 함께 다뤄지게 될 것이다. 여기서는 공무원연금과 국민연금을 비교해 특수직역연금의 특징을 파악하고 그 개혁방향을 모색해본다.

1. 특수직역연금, 어떻게 다른가

특수직역연금은 일반 국민과 구별되는 '특별한 직종'에 종사하는 사람들을 위한 연금이다. 전통적으로 이 직종은 노동조합 결성과정에서도 '노동자성'을 둘러싸고 사회적 찬반이 일어났듯이 일반 노동자와는 달리 공적인 역할을 담당하는 공익 수행자 집단으로 인식되어 왔다. 이들을 대상으로 연금 제도가 일찍 시행된 것도 이러한 역할을 보상하기 위해서였다.[91)]

공무원연금은 1960년, 군인연금은 1963년, 사학연금은 1975년에 각각 시작되었다. 가장 많은 가입자와 수급자를 가

〈표 33〉 공적연금 재정 현황(2005)[92]

	공무원연금	군인연금	사학연금	국민연금
도입년도	1960	1963	1975	1988
가입자수(a)	986,339	164,568	236,726	17,124,449
수급자수(b)	218,006	64,577	22,206	1,757,674
부양율(b/a)	22.1%	39.2%	9.4%	10.3%
급여지출규모(억 원)	4조 7,570	1조 6,608	9,550	3조 5,849
수지차(억 원)*	△6,096	△7,982	2,677	14조 7,015
기금 소진년도	2000	1977	2026	2047

* 수지차는 기여금과 급여의 차액으로 기금수익은 포함되지 않은 금액이다.

진 연금은 공무원연금으로 현재 약 100만 명이 가입하고 22만 명이 연금을 받고 있다. 가입자 대비 수급자 비율인 부양율도 22.1%로 높은 편이다.

부양율이 가장 높은 연금은 군인연금으로 39.2%다. 부양율이 높다는 것은 그만큼 연금재정 부담이 크다는 것을 의미한다. 군인연금기금은 1977년에 이미 소진되었고 2005년 한 해 적자를 보전하기 위해 지원된 금액만 7,982억 원이다. 공무원연금과 같은 시기에 출발한 군인연금이 이처럼 부양율이 높은 것은 엄격한 계급제로 승진과정에서 중간퇴직자가 많이 발생했고, 군인연금에 특수한 급여 프리미엄이 주어지기 때문이다.[93]

사학연금은 다른 특수직역연금에 비해 출발이 늦은 탓에 아직 수급자가 많지는 않다. 부양율이 9.4%로 특례연금 수급자가 다수인 국민연금과 엇비슷한 수준이다. 사학연금도 시간 차이만 있을 뿐 장래에 기금이 소진될 것으로 예상된다.

이 세 가지 특수직역연금은 공무원연금에 뿌리를 두고 있어 사실상 동일한 연금으로 이해될 수 있다. 이에 공무원연금을 국민연금과 비교하면서 특수직역연금의 특징을 알아보자. 우선 두 연금의 공통점이 무엇인지 살펴보자.

첫째, 두 연금은 가입자에게 높은 수익비를 제공한다. 양자 모두 연금재정의 일부를 후세대에 의지한다. 역사가 오래된 공무원연금은 2000년에 기금이 소진되어 정부 지원금으로 적자가 보전되고 있고, 국민연금도 지금은 흑자구조지만 현행 방식이 유지되는 한 2047년에는 후세대가 누적적자를 메워야 한다. 종종 국민의 세금으로 공무원연금 적자를 보전하는 것에 대하여 비판이 제기되는데, 공무원연금의 입장에서 보면 다소 억울할 수 있다. 이는 공무원연금 제도 설계 시 이미 예상되었던 필연적인 결과로, 공무원연금을 비판하는 국민연금 역시 시간 차이만 있을 뿐 후세대에 부담을 지우기는 마찬가지다.

둘째, 두 연금은 모두 법에 의거한 강제가입 공적연금으로서 국가가 연금 지급을 책임진다. 이미 기금이 소진된 군인연금, 공무원연금은 국가의 적자보전이 법에 명시되어 재정지원이 행해지고 있고, 사학연금, 국민연금 역시 미래에 지급 금액이 부족할 경우 국가가 나설 수밖에 없다. 최근 정부가 국민연금법 개정 때 국가의 지급 보장을 명시하겠다고 밝혔지만, 이는 공적연금 원리상 이미 전제되어 있다고 보아야 한다.

사실 두 연금을 이야기할 때 공통점보다는 차이점이 훨씬 부각된다. 각각 운영되는 호주머니가 달라서 '남의 떡이 크게 보이듯' 필요 이상의 갈등이 발생하기도 한다. 공무원연금은 많이 내고 많이 받는 '고기여 고급여' 방식으로 알려져 있다. 단순하게만 보면 공무원연금의 보험료율은 17%, 급여율은 33년 기준 76%이므로, 국민연금의 보험료율 9%, 40년 기준 급여율 60%에 비해 높아 보인다. 이제부터는 공무원연금과 국민연금의 차이점을 비교해보자.

첫째, 공무원연금 보험료율 17%는 사용자인 국가와 공무원이 각각 절반인 8.5%씩 납부하는데(사학연금의 경우 교육의 공익적 성격을 반영하여 국가가 3.5%, 사학법인이 5.0%를 부담한다), 이때 보험료와 급여를 산정하는 기준소득은 보수월액이다. 공무원연금에서 보수월액이란 기본급, 기말수당, 정근수당, 장기근속수당을 포함한 금액으로 총보수의 약 65~70% 수준이다. 총보수에 가까운 과세소득이 연금보험료 산정기준인 국민연금에 비해서는 기준소득이 낮다. 만약 공무원연금의 보험료율 17%를 국민연금 방식대로 과세소득을 기준으로 계산하면 11~12%대로 낮아진다.[94)]

둘째, 공무원 퇴직자의 연금 산정 기준금액은 퇴직 전 3년 동안 받은 보수월액의 평균금액이다. 이는 가입기간 평균소득을 기준으로 급여액이 정해지는 국민연금과 크게 대비된다. 예를 들어 30년 가입자의 급여율을 비교하면, 국민연금은 45%이고 공무원연금은 70%로서 공무원연금이 월등히 높아

보인다. 하지만 공무원연금의 보수월액이 총보수의 65~70% 이므로, 공무원연금 급여율 70%는 국민연금의 과세소득으로 재계산하면 46~49%에 불과하다. 보통 급여율이 높다는 점을 공무원연금의 특혜라고 말하는데, 보험료율의 차이를 감안하면 급여율은 오히려 국민연금보다 낮은 수준이다. 두 연금 간에 금액차이가 발생하는 결정적 이유는 급여율 수준이 아니라 급여산정 기준금액이 가입기간 평균소득과 퇴직 전 3년 평균소득으로 다르기 때문이다.[95]

셋째, 공무원연금의 수급 개시연령이 국민연금에 비해 이르다. 원래 공무원연금은 퇴직 시 가입기간이 20년만 지나면 수급권이 발생했었다. 하지만 지나치게 수급 개시연령이 빠르다는 지적이 있자, 1995년에 공무원연금법을 개정하여 1996년 이후 임용 공무원부터 60세(정년이 60세 미만인 경우는 해당 정년)에 연금을 받도록 수정했다. 이후 2000년에 다시 법이 개정되어 1995년 이전 임용자의 수급 개시연령도 2001년 50세부터 2년에 1세씩 늘어나 2021년에는 60세가 되도록 상향했다. 반면 국민연금 수급 개시연령은 이미 60세이고 2033년까지 65세로 높아질 예정이어서, 여전히 공무원연금은 수급 개시연령에서 국민연금에 비해 가입자에게 우호적이다.

넷째, 공무원연금에서 퇴직 이후 연금을 받기 위한 최소기한은 20년이다. 그 이전에 퇴직한 공무원은 연금수급권을 갖지 못하고 퇴직연금에 비해 총액이 상당히 적은 금액을 일시에 받아야 한다. 이는 국민연금에서 수급권이 발생하는 최소기한이 10년인 것에 비하면 불리한 조항이다. 공무원연금은 20년 이

〈표 34〉 국민연금과 공무원연금 비교

구 분	국민연금	공무원연금
용어	노령연금	퇴직연금
보장 범위	장애연금, 유족연금 등 기타급여 제한 약함	기타급여 요건 강함(유족연금 : 20년 이상 재직, 장애연금 : 공무상 재해로 퇴직, 급여 제한 : 파면 금고시 50% 삭감)
제도 역할	퇴직금, 산재보험 별도	종합적인 소득보장 (연금+산재+퇴직금 등)
재정방식	수정적립방식	수정적립방식 → 부과방식
소득재분배	있음	없음
급여수준	전체 가입기간 과세소득의 60%(40년 가입기준)	퇴직 직전 3년간 평균보수월액의 76% (33년 가입기준)
급여연동	물가상승률	물가상승률(보수상승률과 2% 초과 차이 보전)
최소 가입기간	10년	20년
수급 개시연령 (2006년)	60세	52세
일시금	불가능	가능
보험료율	9%	17%
부과기준	과세소득	보수월액(과세소득의 65~70%)

상 존속한 가입자에게는 후하지만, 그 미만 근속자에게는 매우 박한 제도이다.

다섯째, 공무원연금은 가입자소득에 비례하여 연금액이 정해지므로 내부에 소득재분배 기능이 없다. 국민연금이 연금액을 산정할 때 가입자전체 평균소득(A)과 가입자 개인 평균소득(B)을 절반씩 반영하여 소득재분배를 이끌어내는 것과 다르다. 이 때문에 저소득 가입자일수록 국민연금이, 고소득 가입자일수록 공무원연금이 유리하다. 공적연금의 중요한 특징이 소득재분배이어야 함을 감안하면 이 점은 공무원연금에서 개선되어야 할 부분이다.

여섯째, 국민연금이 순수 노령연금에 한정된 것에 비하여 공무원연금은 퇴직연금, 퇴직금, 산재보상 등 종합보상적 성격을 지닌다. 이 때문에 국민연금의 노령연금과 공무원연금의 퇴직연금만 단순 비교하면 공무원연금의 수익비가 지나치게 높게 나오게 된다. 이로 인해 불필요한 오해가 발생하는 경우가 종종 있는데, 객관적인 비교를 위해서는 민간부문 퇴직금을 포함하여 공무원연금과 국민연금을 비교해야 한다.

2. 공무원연금, 얼마나 더 유리한가

일반적으로 공무원연금이 국민연금에 비해 유리하다는 평가를 받고 있다. 하지만 두 연금을 비교하기가 그리 만만치 않다. 두 연금 제도의 기본골격이 워낙 다르기 때문이다. 과연 공무원연금은 국민연금에 비해 얼마나 더 유리한가? 우선 공무원연금이 국민연금에 비해 불리한 조항을 먼저 알아보자.

첫째, 공무원연금에서 연금수급권을 가지기 위해서는 20년 이상 가입해야 한다. 10년만 채우면 수급권이 발생하는 국민연금에 비하면 불리하다. 수급기간을 채우지 못한 가입자들은 자신이 낸 보험료를 일시금으로 받는데, 이는 연금으로 받는 것에 비해 총금액이 매우 적다.[96)]

둘째, 국민연금 가입자는 노후에 국민연금 외에 연평균임금의 1/12(월급여의 8.3%)에 해당하는 퇴직금을 받는다. 퇴직금은 현재 5인 이상 사업장 노동자에게만 적용되고 있지만 이후 전 사업장으로 확대될 예정이다. 공무원들도 퇴직금과 유사한 퇴직수당을 지급받지만 금액이 민간부문 퇴직금에 크게 못 미친다.[97)]

셋째, 장애연금, 유족연금도 공무원연금이 불리하다. 국민연금에서는 장애를 당한 가입자의 경우 장애등급만 정해지면 조건 없이 장애연금이 지급되는 데 반해 공무원연금은 그 원인이 공무상 질병이거나 부상이어야 하며 반드시 퇴직한 경우에만 지급된다. 유족연금도 국민연금에서는 한 달만 가입해도 발생하지만, 공무원연금은 20년 이상 가입해야 적용된다. 공무원연금이 20년 이상 장기근속자를 대상으로 설계된 까닭에 20년 미만 재직자는 여러 가지로 불리하다.[98)]

넷째, 공무원연금은 고용보험 미적용, 징계연계 연금 삭감 등의 불이익을 받는다. 국민연금 가입자는 실업을 당할 경우 고용보험에 가입해 있어 제도혜택을 받을 수 있으나, 공무원에게는 고용보험이 없다. 또한 공무원은 재직 중 파면이나 금고형을 받을 경우 연금액이 50% 삭감된다. 국민연금에서 급여는 징계에 영향을 받지 않는다.

이제부터는 공무원연금의 유리한 조항을 살펴보자. 첫째, 공무원연금은 급여결정에 최종소득이 반영된다. 연금 산정기준이 퇴직 전 3년 보수월액으로, 이것이 연금액 수준에 결정적 영향을 미친다. 둘째, 수급 개시연령도 2006년 퇴직자의 경우 52세로 국민연금 60세에 비해 이르며, 향후에도 각각 60세, 65세로 5년 차이가 유지된다. 셋째, 공무원연금에서는 중복급여가 허용된다. 국민연금은 노령연금이 발생하면 유족연금이나 장애연금을 동시에 지급하지 않지만, 공무원연금은 퇴직연금이 발생하더라도 장애연금 100%, 유족연금 50%가 동시에 인정된다.

이처럼 두 연금이 각각 유리한 조항과 불리한 조항을 지니고 있어 어느 한쪽이 절대적으로 유리하다고 평가하기가 쉽지 않다. 두 연금의 장단점을 비교한 〈표 35〉는 각 연금의 특징을 이해하는 데 참고가 될 것이다.

두 연금의 차이를 가장 손쉽게 느끼게 되는 경우는 수령연금액을 비교할 때다. 2005년 공무원연금 전체 수급자의 월평균 연금액이 170만 원이고, 〈표 36〉에서 보듯이 2005년에 퇴직해 연금을 수령하는 일반적 공무원의 경우는 월 188만 원이다. 이는 〈표 4〉(이 책 47쪽)에서 확인한 국민연금 수급자 평균수령액 18만 원의 10배에 이르는 금액이다. 이 금액만 보면 공무원연금이 월등히 우월한 것으로 보이지만, 이 경우 매우 주의해야 한다.

무엇보다도 두 연금의 역사 차이가 크기 때문에 가입자의 평균 가입기간이 다르다. 현재 국민연금 수급자의 평균 가입기

〈표 35〉 국민연금과 공무원연금 장단점 비교

우호연금	항목	국민연금	공무원연금
국민 연금	보험료율	9%	17%
	퇴직금	연평균임금의 1/12	근속년수별 퇴직수당
	유족연금	가입 직후 발생	20년 이상 가입시 발생
	장애연금	발생원인 고려 안 함	공무상 퇴직에 한정
	실업급여	고용보험에서 지급	실업급여 없음
	징계 영향	연금 삭감 없음	파면, 금고 시 50% 삭감
공무원 연금	연금급여	40년 가입기준 60%	33년 가입기준 76%
	급여기준	가입기간 전체 평균소득	퇴직 전 3년 보수월액 평균
	수급 개시연령	2033년 65세 (2006년 60세)	2021년 60세 (2006년 52세)
	중복급여	불인정	인정(장애급여 100%, 유족급여 50%)

간이 7년인 반면, 공무원연금 수급자의 가입기간은 대부분 30년이 넘는다. 또한 연금수령액의 기준이 되는 소득금액에서도 차이가 난다. 2005년에 국민연금 가입자의 평균소득이 159만 원인 데 반하여, 공무원연금 가입자의 보수월액은 204만 원이다. 이렇게 가입기간과 소득수준이 다른 상황에서 연금액을 절대적으로 비교하는 것은 공정하지 못하다.

연금 제도를 객관적으로 비교하기 위해서는 표준적인 가입자를 선정하고 이들의 수익비를 비교하는 것이 최선이다. 두 연금 수익비 비교 결과는 연구방법에 따라 조금씩 상이하다. 비

〈표 36〉 일반직 공무원 직급별 퇴직자 연금 현황
(2005년 신규 퇴직자)[99]

	1급	2급	3급	4급	5급	6급	7급	8급	합계
인원(명)	45	76	137	574	943	1,801	296	3	3,875
평균 재직 기간	30년 10월	30년 10월	31년 8월	31년 8월	31년 8월	30년 10월	26년 8월	23년 4월	30년 10월
월평균 연금액(만 원)	301	276	262	228	200	167	131	118	188

교대상 가입자를 누구로 선정하느냐, 비교대상 급여를 무엇으로 하느냐에 따라 결과에 다소 차이가 있다.

〈표 37〉은 국민연금 대비 공무원연금의 수익비를 분석한 연구결과를 모은 것이다. 가장 단순한 수익비 비교는 공무원연금에서 지급되는 퇴직연금과 국민연금의 노령연금을 대비하는 것이다. 공무원연금의 수익비가 국민연금에 비해 대략 1.5~2.3배 높다. 보통 언론에서 공무원연금이 국민연금에 비해 2배 더 받는다고 할 때 이 비교치를 근거로 한 것이다.

두 번째 비교는 총퇴직급여를 비교하는 방법이다. 국민연금 가입자는 공무원연금의 퇴직수당에 비해 많은 퇴직금을 받기 때문에, 민간부문의 퇴직금과 공무원연금의 퇴직수당을 각각 합하여 비교하는 것이 합리적이다. 퇴직금을 포함하면 국민연금 대비 공무원연금의 수익비는 1.15~1.29배로 차이가 많이 줄어든다. 총퇴직급여를 비교하면 공무원연금이 국민연금에 비해 대략 20% 유리하다고 말할 수 있다.

〈표 37〉 국민연금 수익비 대비 공무원연금 수익비 비교

(공무원연금/국민연금)[100]

	공무원연금 관리공단 (2006)	최재식(2006)		이용하 (2004)	김태일 (2004)
		1988년 입사	2001년 입사		
순수연금	1.89	2.03	1.51	2.29	-
총퇴직급여*	1.28	1.18	1.15	1.29	-
생애소득**	1.09	0.76	1.06	-	1.01~1.05

* 총퇴직급여=순수연금+퇴직금(퇴직수당)

** 생애소득=총퇴직급여 + 임금 총액

세 번째 비교는 재직기간에 받은 임금총액과 퇴직급여 총액을 합친 생애임금을 비교하는 방법이다. 이는 과거 민간부문에 비해 낮은 공무원연금의 저임금을 감안한 분석이다. 생애임금의 기준에서 두 연금을 비교하면, 과거 공무원 재직자의 수익비가 민간부문에 비해 0.76배에 불과하다. 하지만 근래 공무원 보수의 현실화 작업이 추진되어 2004년에는 보수현실화율이 95.9%까지 도달했다. 비록 2005년에 다시 93.1%로 낮아져 정부의 정책이 신뢰를 잃고 있지만, 애초 방침대로 보수현실화가 제자리를 잡게 된다면 공무원은 생애임금에서도 민간부문 노동자보다 앞설 것으로 예측된다.[101]

이러한 수익비 비교분석 결과를 요약하면 다음과 같다. 첫째, 과거 공무원연금의 경우 연금수익비는 국민연금에 비해 높았으나 공무원의 보수가 상대적으로 낮았기 때문에 생애임

금 비교에서는 오히려 불리했다. 따라서 과거 재직자들의 공무원연금 급여가 민간부문에 비해 높다고 말할 수 없다. 둘째, 최근 들어 공무원의 보수가 점차 현실화되면서 공무원연금 가입자들은 생애임금 비교에서도 국민연금 가입자에 비해 불리하지 않다. 최근 다소 지체되고는 있지만 보수현실화가 마무리되면 공무원연금과 국민연금의 급여체계를 수렴시키는 조정작업이 필요하다.

3. 공무원연금 개혁을 위한 제언

공무원연금에 대한 국민의 시선이 따갑다. 공무원연금이 다소 유리한 수익비를 지닌 것은 사실이지만, 국민연금과 단순비교한 수치들이 여과 없이 언론에 보도되어 불필요한 불신이 증폭되어 있다. 당사자인 공무원들도 할 말이 많을 것이다. 과거 재직자의 경우 낮은 보수를 감당하며 일해왔는데 비판의 표적이 되니 난감할 것이다. 게다가 공무원연금의 기금 고갈이 제도의 특성상 예상된 일이었는데도 이제 와서 도덕적 해이를 들먹이니 당황스러울 수 있다.

IMF 금융위기 이후 민간부문에서 노동자의 절반이 비정규직으로 전락하고 있다. 공무원들이 의도한 것은 아니지만, 민간부문에 비해 고용안정성이 월등하고 보수마저 현실화되고 있으니 국민들에게 공무원연금이 상대적인 특권으로 보일 수 있다. 최근 공무원시험 열풍을 생각하면 공무원에 대한 국민들의 정서가 어느 정도 파악된다. 이제 공무원연금에 대한 개혁도 피할 수 없는 과제로 다가와 있다.

공무원연금에 제기되는 개혁과제는 두 가지로 요약된다. 하나는 같은 공무원이면서도 연금수급권을 가지지 못하는 20년 미만 퇴직자를 지원하는 일이고, 다른 하나는 공무원연금의 급여체계를 가능한 국민연금 방식으로 조정하는 일이다. 이제 그 방향을 찾아보자.

첫 번째 과제는 20년 미만 재직 공무원들을 연금의 사각지대로 방치하는 공무원연금의 약점을 보완하는 일이다. 현재 20년 미만 재직자들은 퇴직연금을 받지 못할 뿐만 아니라 유족연금 적용에서도 제외된다. 2005년에 퇴직한 공무원을 보면, 전체 3만 4,762명 중 20년 재직 미만자가 만 931명으로 31.4%를 차지했다. 공무원연금 수급자에게 지급되는 퇴직연금에는 이들 조기퇴직자의 상대적 희생이 포함되어 있는 것이다.

20년 미만 재직자 문제를 해결하기 위해서는 공적연금 간 연계 제도가 조속히 마련되어야 한다. 지금까지의 논의 결과에 따르면 연계 방안은 크게 연결통산방식과 소급적용방식 두 가지가 있다.

연결통산방식은 어느 한 제도의 가입기간만으로 수급권을 획득하지 못할 경우 타 제도 가입기간을 합산하여 연금을 지급하는 방식이다. 예를 들어 국민연금에 5년, 공무원연금에 15년 가입한 경우, 국민연금에서 5년의 연금을, 공무원연금에서 15년의 연금을 지급한다. 소급적용방식은 공무원연금의 수급권을 획득하지 못한 채 중도 탈락했을 때, 공무원 재직기

〈표 38〉 공무원연금 개혁방향 제안

	연금 연계	제도 조정	특징
기존 공무원	연결통산방식	공무원연금에 균등지수 도입 및 급여율 조정	소득재분배 도입 및 급여율 조정으로 연금개혁에 동참
신규 공무원	연결통산방식	국민연금방식 도입	연금재정은 공무원연금과 통합 관리
미래 공무원	국민연금과 통합	국민연금과 통합	공적연금 완전 통합

간을 국민연금에 소급적용하여 나중에 그 기간만큼 국민연금 보험료를 납부하면 국민연금에서 연금을 지급하는 방식이다. 예를 들어 공무원연금에 10년 가입한 사람이 퇴직일시금으로 받은 돈을 국민연금에 10년 보험료로 소급납부하고, 추가로 국민연금에 5년 가입한 후 정년퇴직할 경우, 15년 가입에 해당하는 국민연금을 수령하게 된다.

필자는 가입자가 속했던 연금 제도를 반영한다는 의미에서 연결통산방식이 보다 형평성을 지닌다고 판단한다. 지금까지 정부는 연금재정 부담이 커진다는 이유로 연계방안을 마련하는 데 소극적이었다. 두 연금이 연계되면 이전 반환일시금에 비해 높은 금액의 노후연금을 지급해야 하니 재정부담이 커지기 때문이다. 하지만 연금 연계는 공적연금의 형평성 문제를 해결하고 중장기적으로 연금통합을 추진하는 데 필수불가결한 과제로서 이제는 실행되어야 할 때다.

공무원연금 개혁의 두 번째 과제는 공무원연금의 급여체계를 국민연금과 유사한 방식으로 근접시키는 일이다. 일반적으로 알려진 만큼의 차이는 아니지만 국민의 따가운 시선을 고려할 때, 공적연금으로서 가능한 한 두 제도를 수렴시킬 필요가 있다. 이를 위해서는 낮은 보수를 받았던 과거 공무원의 권리는 보호하지만, 보수가 상당히 현실화된 지금부터는 새로운 규정이 마련될 수 있을 것이다. 이 규정은 기존 가입자와 신규 임용자로 나누어 적용된다.

첫째, 기존 가입자의 경우 공무원연금 제도를 유지하되, 급여산식에 균등지수를 도입한다. 공무원연금에 균등지수를 도입하면 가입자 간의 연금액이 재분배되므로 하위 퇴직자들에게 불이익이 발생하지 않는 수준에서 평균급여율이 다소 낮아질 수 있다. 이를 위해서는 중상위 공무원들의 양보가 필요하다. 당연히 급여율 조정은 법 개정 이후 가입기간에만 적용되고 이전 기간은 현행 급여율이 그대로 적용된다. 더불어 물가상승율보다 보수인상율 폭이 2%P를 넘을 경우 이를 연금액 조정에 반영하는 조항은 삭제되어야 한다. 이는 2003년 만들어진 조항인데 국민연금과 형평성 문제를 야기하고 있다. 이후 공무원 보수인상율이 그리 높지 않을 것으로 예상되므로 이 조항으로 불신의 씨앗을 키울 필요는 없다.

둘째, 공무원의 보수가 조만간 민간부문과 동일해진다는 전제하에서, 신규 공무원 임용자부터 국민연금과 동일한 방식을 적용한다. 신규 공무원들은 국민연금 방식의 보험료율과 급여율에 따르고, 민간부문 방식의 퇴직금을 지급받는다. 이 경우 공무원은 유족연금, 장애연금, 고용보험 등에서 국민연금 가입자와 같은 혜택을 받고, 파면 · 금고형을 받을 때 연금이 삭감되던 불이익 조항에서도 벗어날 수 있다. 이 방안은 공무원들이 국민연금과 다른 연금 제도에 속해 있다는 이유로 발생하는 특혜 시비 자체를 없앨 수 있다는 장점을 지닌다. 공무원연금 기금이 소진되어 일반회계 지원을 받아야 하는 공무원의 입장에서 국민연금과 제도 체계를 수렴시켜 직역 간 반목을 근절하는 일은 매우 중요하다. 단, 당분간은 두 연금을 통합하지 않고 독립적으로 운영하는 것이 옳다. 공무원의 평균 보수가 국민연금 가입자 평균소득 159만 원보다 높기 때문에 국민연금과 바로 통합할 경우, 제도 변화에 따른 공무원연금의 급여 하락이 클 것으로 예상되기 때문이다. 또한 현행 공무원연금의 급여지출 재정을 충당하기 위해서도 호주머니는 공무원연금에 둘 수밖에 없다.

궁극적으로 공적연금은 가능한 한 하나의 제도로 통합되는 것이 바람직하다. 완전통합방안은 국민연금 가입자의 평균소득이 높지 않은 현재 상황에서 공무원들에게 불이익을 줄 수 있어 바로 실시하기는 어렵다. 국민연금 가입자의 소득파악이 강화되어 두 직역 간 소득이 객관적인 형평성을 가지는 시점에 공무원연금과 국민연금을 완전통합하는 것이 적절할 것이다. 아무쪼록 이러한 제안이 공무원연금의 개혁 방향을 찾는데 도움이 되기를 바라며, 이후 공적연금 개혁과정이 직역 간 갈등을 증폭하기보다는 열린 시각에서 중장기적으로 사회연대를 실현하는 방향으로 나아가기를 기대한다.

주

1) 김연명, 〈이론적 논의〉, 김연명 · 남기곤 · 오건호, 《한국의 사회복지와 노동운동 : 연대주의 사회복지 전략을 향하여》(민주노총, 1999), 13쪽의 표를 재구성한 것이다.
2) Gosta Esping-Andersen, "Welfare State at the End of the Century", *Family, Market and Community : Equity and Efficiency in Social Policy*(OECD, 1997), 71쪽, 〈표 2.5〉를 재구성한 것이다. 원본에서 발견된 근소한 오차는 무시했다.
3) 서구에서 사회보험이 발전하는 데는 노동운동의 힘이 주요하게 작용했다. 공적연금의 발전 요인을 분석한 김태성의 연구에 따르면 공적연금의 발전 수준은 사회주의 정당의 집권 기간과 사회주의 정당의 득표율, 그리고 노동조합의 조직률과 높은 상관관계를 가지고 있다. 김태성, 〈국민연금의 발전 정도와 결정 요인에 관한 비교 분석〉, 《비교사회복지 제1집》, 한림대학교 사회복지연구소(을유문화사, 1991). 노동운동은 처음에 노동조합 결성을 통해 교섭력을 강화하고, 이를 기반으로 시장임금을 올리는 데 주력했다. 하지만 이것만으로는 불충분하다는 것을 현실에서 체험했다. 노동자가 지닌 노동3권은 노동시장에서 노동자가 완전한 노동력을 유지할 때에만 행사할 수 있는 것이었다. 만약 산업재해를 당하거나 정년에 이르게 되면 노동자는 노동시장에서 퇴출되어 생계를 위협받게 되는데, 이러한 노동시장의 위험은 어느 누구에게라도 닥칠 수 있다. 이에 노동운동은 노동시장의 퇴출 위험을 사회적으로 완화시키기 위해 사회보험(산재보험, 의료보험, 고용보험, 연금보험)을 강화해 나갔다.
4) 앞으로도 수명 연장은 더욱 가속화될 것으로 예상된다. 2006년 경제협력개발기구(OECD)의 《국제비교자료》에 따르면 2003년 기준

평균수명이 80세를 넘은 나라는 일본, 스위스, 호주, 스웨덴 등 총 6개국이다. 한국은 77세로 OECD 30개국 중 24위이지만 수명 연장의 속도는 매우 빠르다. 2006년 3월 미국 스탠퍼드대학 연구팀은 2030년에 선진국의 평균수명이 100세에 이를 것이라는 연구 결과를 발표했다. 이를 반영이라도 하듯 2006년 5월 대한화재는 가입자의 보험보장을 100세까지 해주는 100세 보험상품을 출시했고, 기업은행도 100세 통장을 신설하는 등 100세 상품이 줄을 잇고 있다.

5) 형식적으로 보면 서구에서 처음으로 선보인 공적연금 제도는 독일 비스마르크 시대인 1889년에 제정된 장애노령법이다. 하지만 이 연금은 생산직 노동자에게만 적용되는 부분적 제도였다.

6) 1942년 영국의 경제학자 베버리지William Henry Beveridge가 위원장으로 있던 사회보장위원회가 제출한 일명 '베버리지 보고서'는 모든 국민의 생활권을 명시하며 이에 대한 국가의 책임을 강조했고, 그 결과 아동, 장애인, 노인 등을 위한 종합적인 사회보장 제도가 마련되었다.

7) 외국의 공적연금 도입 역사에 대해서는 다음을 참조하라. 윤석명·주은선, 《공적연금 유형의 국제비교 I》(국민연금연구센터, 2000).

8) '국민연금 8대 비밀'은 국민연금 제도 중에서 배우자가 죽으면 유족연금을 포기해야 하는 규정, 부유계층의 부담을 경감시켜주는 보험료 상한 제도, 저소득 계층의 보험료 강제 징수 등 당시 국민들이 느끼고 있던 국민연금에 대한 불만에 '실증적 자료'를 제공하여 큰 반향을 일으켰다. 이에 대한 내용은 〈보론 1〉에서 자세히 다룬다.

9) 민간보험학의 원칙 중에 '수지상등의 원칙'이 있다. 이는 보험 설계에서 가입자에게서 거둘 순보험료의 총액과 나중에 지출해야 할 보험금의 총액을 같게 하는 것을 말한다. 사보험 가입자는 자신이 나중에 받을 보험금에 해당하는 순보험료와 보험회사의 경비와 이

윤에 충당되는 부가보험료를 합한 금액을 총보험료로 납부한다. 보험회사는 수지 상등의 원칙에 따라 순보험료에 해당하는 연금을 가입자에게 돌려주고, 부가보험료는 자신의 운영비와 이윤으로 삼는다. 그러므로 사보험은 미래에 있을지 모를 위험을 분산해주는 대신 가입자가 낸 총보험료 중 순보험료만 돌려주기 때문에 가입자의 입장에서 수익비(보험료 총액 대비 연금액 총액)가 1.0을 넘을 수 없다. 우리나라 사보험 상품들은 기업에게 유리한 약관을 지니고 동시에 관리운영비를 많이 지출하고 있어, 사보험 가입자가 얻는 수익비는 대략 0.8 안팎으로 추정된다.

10) 국제노동기구(ILO)가 권고하는 공적연금의 적정보장 수준은 53~60%다. 1952년 ILO는 〈사회보장의 최저기준에 관한 협약 102호〉를 통해 가입기간이 40년일 경우 평균소득자의 급여율 53%를 권고했고, 1967년에는 〈협약 128호〉를 통해 기준을 60%로 상향 조정했다.

11) 연금보험료를 산정하는 데 포함되지 않는 비과세소득으로는 차량 유지비, 식사대, 연구 보조비, 출산(보육)수당, 취재수당, 벽지수당, 퇴직금(퇴직금이 포함된 연봉제의 경우) 등이 있다. 예외적으로 '월정액 급여 100만 원 이하 생산직 노동자가 받는 연장, 야간, 휴일근로수당'은 소득세법상 비과세소득이나, 국민연금에서는 보험료 부과소득에 포함된다. 소득세법은 저임금 노동자의 과세 부담을 완화하기 위해 이러한 소득을 비과세소득으로 보는 데 반해, 국민연금법은 연금 제도가 저소득 가입자에게 유리하게 되어 있으므로 가능한 한 미래에 수령할 연금급여액을 높이기 위해 이 소득을 연금보험료 부과소득에 포함시킨다. 역설적이게도 이러한 선의의 취지와 달리 저임금 노동자들은 이로 인해 보험료 부담을 더 많이 느끼게 된다.

12) 현재 지역 가입자 중 농어민에게는 1997년 우루과이 라운드 농업 개방에 대한 보조금의 성격으로 보험료의 일부가 지원되고 있다.

2006년 기준 가입자의 신고소득이 13등급(48만 원) 미만인 경우에는 본인 보험료의 1/2을, 13등급 이상인 경우에는 13등급 보험료의 1/2(2만 1,600원)이 지원된다. 한편 지역 가입자 연금보험료 지원을 도시 지역으로 확대하는 데에는 재원 마련뿐만 아니라 행정적 난관이 있다. 소득 파악이 취약해 보험료 지원 대상을 형평성 있게 선정하기가 어렵기 때문이다. 우리나라 전체 경제활동인구 중 자영업 종사자 비중이 2004년 27.1%로 10% 안팎인 서구에 비해 거의 3배에 육박한다. 우리나라는 영세한 자영자가 많고 세금 영수증을 주고받는 문화가 정착되지 않았으며, 조세 행정 역시 치밀하지 못해 자영자의 소득을 파악하는 데 있어 심각한 어려움을 겪고 있다.

13) 노령연금은 수급자와 수급자 배우자의 노후 생활 지원을 목표로 한다. 만약 수급자가 이혼할 경우 노령연금은 그 배우자에게 결혼 기간에 해당하는 만큼의 연금액을 분할하여 지급하는데, 이를 분할연금이라고 부른다. 만약 국민연금 20년 가입기간 내내 부부로 있다가 노후에 이혼한 경우 배우자는 노령연금의 절반에 대해 수급권을 갖는다.

14) 감액노령연금은 기본연금의 가입기간인 20년을 채우지 못할 경우 지급되는 것이기에 연금액이 삭감되는 것은 불가피하다. 하지만 국민연금에서는 보통 연금액의 삭감률이 1년당 5%이어서 10년 가입 감액연금액은 기본연금액의 50%가 되어야 하지만 현행 국민연금은 2.5%를 더 삭감하고 있다. 이는 국민연금의 짧은 역사를 감안하지 않은 채 가입기간 20년을 채우지 못한 책임을 가입자에게 돌리고 있는 것이다. 2004년 12월 국회 보건복지위원회 법안심사소위원회는 국민연금법 개정 심사에서 이 점을 감안하여 이후 가입 기준을 10년으로 하되 기본연금액의 50%만 감액하기로 잠정 합의한 상태이다.

15) 1995년과 1999년 지역 국민연금 도입 및 확대 당시 60세 이상 65

세 미만 고령자에게도 6개월~1년이라는 시한을 정해 예외적으로 연금 가입의 특례를 허용하기도 했다. 이는 노인에 대한 배려와 국민연금 제도에 대한 우호적인 여론을 조성하기 위해 취해진 조치였다.

16) 국민연금관리공단, 〈연금수급 현황〉(국회 제출 자료, 2006년 5월 30일).

17) 실제 2006년 1월 한 달치 보험료 만 2,000원만 내고 직장에서 갑자기 쓰러진 박 씨(30세)는 현재 월 36만 원의 장애연금을 받고 있다. 장애연금을 받는 일반적인 사례로서 장애2등급인 이 씨(38세)의 경우를 보자. 그는 지난 1993년 4월 국민연금에 가입했는데, 4년 후인 1997년 7월에 장애2급 판정을 받았다. 이 씨는 51개월간 가입하여 매월 3만 5,000원씩 총 178만 원의 보험료를 납부했고, 장애 판정 이후 기본연금액의 80%인 37만 원을 매월 받고 있다. 이 씨가 2005년까지 받은 연금총액은 3,400만 원에 달하며, 이후에도 매월 같은 금액의 연금을 받을 것이다. 박 씨의 사례는 국민연금관리공단, 《국민연금과 노후 생활설계》(국민연금관리공단, 2006)에서, 이 씨의 사례는 국민연금관리공단, 〈연금 종류별 수급 내역〉(국민연금관리공단 내부 자료, 2006년 6월)을 참고했다.

18) 유족연금의 대표적 사례로 17개월간 가입하고 2000년 36세의 나이로 사망한 김 씨의 경우를 살펴보자. 김 씨는 월 3만 3,000원씩 총 55만 3,700원을 보험료로 납부했다. 현재 김 씨의 배우자는 김 씨가 20년간 가입했을 경우 받았을 기본연금액의 40%인 18만 9,260원을 매월 받고 있다. 2005년 현재 김 씨의 배우자가 받은 연금 총액은 1,200만 원이 넘으며 이후 사망할 때까지 계속 받을 것이다. 이에 대해서는 국민연금관리공단, 〈연금 종류별 수급 내역〉을 참고했다.

19) 반환일시금 논란은 국민연금 반환일시금 금지가 헌법이 정한 과

잉금지 원칙 위반이라는 헌법소원 청구로 이어졌다. 헌법재판소는 2004년 '국민연금 제도를 통해 달성하려는 공익은 저축에 대한 선택권이라는 개인적 사익보다 훨씬 크다'며 '연금 가입 자격 상실을 이유로 반환일시금을 지급하면 상당수가 연금 수급권 획득 기회를 박탈당하고 이는 가입을 강제화하는 공적연금 제도의 존재이유를 상실하게 할 우려가 크다'는 이유로 헌법소원을 기각했다[〈국민연금법 제67조 제1항 위헌소원 헌법재판소 결정문〉(2006년 6월 24일)]. 한편 외환위기로 구조조정이 빈발하던 1998년 국민연금관리공단이 예외적으로 실직자에게 생계 자금을 대출해준 적 있다. 총 24만 명의 실직자가 7,800억 원을 대출받았다. 그러나 대출자의 90%(7,100억 원)가 돈을 갚지 못해 결국 본인이 납부한 보험료에서 공제당했다. 이들은 공제된 보험료에 해당하는 만큼 가입기간이 제외된 탓에 나중에 받을 연금액이 줄어들거나 최소 10년을 못 채울 경우 수급권을 얻지 못하게 된다.

20) 사망일시금의 경우 그 금액이 반환일시금에 상당하는 금액으로 규정되어 있지만, 금액이 국민연금법에 정해진 지급 한도액(월소득 4배)을 넘을 수 없기 때문에 가입자가 낸 것보다 적게 지급될 수도 있다.

21) 2005년 12월에 발표된 국민연금관리공단의 통계 자료에 준해 정리한 것이다.

22) 국민연금의 사각지대 해소책으로 떠오른 기초연금 제도는 65세 이상 노인에게 보험료를 내지 않았더라도 일정한 금액을 지급하는 무기여 방식을 모델로 하고 있다. 만약 우리나라에 기초연금 제도가 도입된다면 현행 1소득자 1연금 방식의 공적연금 제도가 기초연금(1인 1연금)과 국민연금(1소득자 1연금)으로 이루어진 이층체계로 전환될 것이다. 현재 기초연금이 시행되고 있는 영국, 노르웨이, 캐나다, 일본 등의 공적연금 역시 1소득자 1연금제와 1인 1연금제가 조합된 형태이다.

23) 2002년 당시 사업장 국민연금에 속한 5인 미만 사업장 가입자는 18만 명에 머물렀다. 이는 5인 미만 사업장 종사자 481만 명 중 0.04%만이 사업장 국민연금에 가입했음을 의미한다.

24) 국민연금관리공단, 〈5인 미만 단계별 현황〉(국회 제출 자료, 2006년 6월 19일). 여기서 기타 사업장은 2004년 이후 건강보험, 고용보험 등록 사업장을 말한다.

25) 비정규직 노동자가 사회보험에서 배제되는 과정을 연구한 윤정향은 법 제도의 특성과 고용주와 노동자의 행위전략이 사회보험 배제에 영향을 미치고 있다고 분석한다. 윤정향, 〈비정규 노동자의 사회보험 배제 원인과 배제 기제 연구〉(중앙대학교 사회복지학과 박사 학위논문, 2005).

26) 국민연금관리공단의 2004년 8월 《국민연금 지역 가입자 실태조사 보고서》에 따르면, 무작위 추출법에 의해 선정된 조사 대상자 2,400명 중 자신을 자영소득자라고 밝힌 사람은 815명으로 전체 34.0%에 불과했다. 실제 2005년 지역 가입자로 연금보험료를 납부하고 있는 449만 명 중 사업장 등록 자료를 보유하고 있는 사람은 248만 3,422명으로 55%에 불과했다. 이는 납부예외자를 포함한 전체 지역 가입자 912만 명의 27.2%에 해당한다.

27) 통계청, 〈경제활동인구 부가조사〉(통계청, 2005).

28) 신고소득 방식과 납부예외자 제도로 인해 국민연금관리공단에서 일하는 노동자 역시 지역 가입자 관리에 큰 애를 먹고 있다. 이들은 지역 가입자의 민원, 항의, 협박 등으로 밤잠을 설치는 경우가 많다고 한다. 관리공단 노동자들은 가입자가 밝힌 '신고소득'과 관리공단이 예상하는 '추정소득' 간의 차이를 조정하는 '교섭'을 매번 해야 하는데, 이 과정에 대한 법적 근거가 명확치 않아 가입자와 끊임없이 충돌하고 있다. 게다가 정부의 공공부문 경영평가에 따라 지역 가입자 관리 실적이 직원에 대한 주요한 평가 요소가 되면서 불합리한 업무 행태가 조장되고 있다. 예를 들어 소득

이 없는 국민을 억지로 납부예외자로 가입시켜 연금 가입자의 규모를 늘리거나, 체납자 비율이 늘어나면 이들을 납부예외자로 전환해 체납률을 낮추는 편법이 사용되기도 한다. 이로 인해 2003년 8월 지역 가입자 관리에 부담을 느껴오던 관리공단 노동자 한 사람이 보험료 부과체계의 불합리성을 지적하며 스스로 목숨을 끊기도 했다. 소득이 제대로 파악되지 않는 한국사회의 구조적 문제로 인해 연금 노동자와 가입자 모두 곤혹을 치루고 있다.

29) 국민연금관리공단, 〈납부예외자 현황〉(국회 제출 자료, 2006년 5월 19일) 참고.

30) 2002년 소득을 기준으로 산정된 급여율이다. 국민연금발전위원회, 〈국민연금 재정안정화 방안〉(국민연금발전위원회, 2003년 4월 1일), 22쪽 재구성.

31) 한국보건사회연구원의 연구결과에 따르면, 고소득층에 비해 저소득층의 사망 위험이 높다. 한 달 평균 가구소득을 기준으로 250만 원 이상을 버는 사람의 사망률을 1.00이라 할 때, 월 가구소득이 100～149만 원인 사람의 사망률은 1.97배, 50～99만 원은 2.00배, 월 50만 원은 2.37배나 높았다〔김혜련 외, 《건강수준의 사회계층 간 차이와 정책 방향》(한국보건사회연구원, 2004)〕.

32) 여기서 할인율은 임금상승률을 말하며 가입기간은 20년 기준이다. 국민연금연구원, 〈국민연금 가입자 수익 현황〉(국회 제출 자료, 2006년 8월 22일).

33) 수익비 계산에서 기여 총액은 가입자가 납부한 보험료의 불변가격 합계이고, 연금 총액은 연금을 지급받는 기간(평균수명을 감안하면 18년)에 받는 금액의 합계이다. 연금 총액 중 보험료 총액을 넘는 금액이 후세대가 부담해야 하는 금액이다.

34) 국민연금연구원, 〈국민연금 가입자 수익 현황〉.

35) 국민연금관리공단, 《국민연금 지역 가입자 실태조사 보고서》(국민연금관리공단, 2004년 8월) 참고. 강조는 인용자.

36) 우리나라에서 자영자의 소득 수준이 어느 정도인지는 어느 누구도 알 수 없다. 소득의 총규모를 모르니 '소득파악률'이라는 개념은 성립하지 않는다. 보통 언론에서 임의대로 소득파악률이라는 용어를 사용하는데, 이때 '소득파악률 30%'라고 하면, 실제 소득의 30%를 파악했다는 것이 아니라 국세청이 과세자료를 보유한 자영자의 비율이 30%라는 의미다. 현재 건강보험의 경우에는 국세청 과세자료의 한계를 감안해 독자적인 보험료 부과체계를 개발, 지역 가입자에게 적용하고 있다. 지역 건강보험은 소득뿐만 아니라 재산, 자동차, 연령 등을 포함해 만든 건강보험공단 자체 평가 소득체계에 따라 소득을 계산하고 그것을 기준으로 보험료율을 곱한다. 이에 따르면 2005년 건강보험 1인당 본인부담 보험료는 직장 만 9,000원, 지역 만 9,200원으로 거의 동일하다. 지역과 직장 건강보험이 통합된 2003년 이후 보험료의 형평성 문제가 불거질 것으로 예상되었으나 이러한 우려는 많이 불식되고 있다. 이처럼 건강보험의 평가 소득체계는 나름대로 성과를 거두고 있다고 판단된다.

37) 2005년 가입자를 사례로 비교한 것으로 수익비는 국민연금연구원의 〈국민연금 가입자 수익 현황〉을 참고한 것이다.

38) 국민연금발전위원회, 〈국민연금 재정안정화 방안〉, 7쪽.

39) 국민연금이 고갈되어도 연금 제도가 적립방식에서 부과방식으로 전환되는 것일 뿐이라는 반론도 있다. 이미 서구의 공적연금은 재정이 고갈되어 당해 보험료로 연금을 지급하고 있는데, 우리 사회는 이를 지나치게 심각하게 여긴다는 항변이다. 이러한 반론이 근거가 없는 것은 아니지만, 인구 고령화 속도가 너무 빨라 후세대가 부과방식 연금보험료를 과연 감당할 수 있을지 의문이 드는 것도 사실이다. 자신이 낸 보험료는 자신을 위해 쌓여 있어야 한다는 사보험 논리에 익숙하고, 자신보다 자식을 위해 살아가는 한국형 부모에게 연금 고갈 위협이 주는 영향은 매우 크다.

40) 국민연금 보험료율과 급여율을 유지한 채, 수익비를 완화시킬 수 있는 방법은 기금운용수익률을 대폭 올리는 것이다. 국민연금발전위원회는 미래 재정추계 분석에서, 2002년부터 2050년 이후까지 기금운용수익률을 5.0~7.5%로 추정했다. 국민연금 제도에서 가입자가 얻는 내부수익률은 소득 계층별로 7.1~10.4%다. 기금운용수익률이 국민연금 내부수익률을 상쇄할 만큼 높다면 문제가 사라질 수 있지만 그 가능성은 현대 자본주의경제에서 매우 희박하다.

41) 국민연금연구센터, 《국민연금 100문 100답》(국민연금연구센터, 2003), 93쪽. 국민연금발전위원회의, 《2003 국민연금 재정추계 및 제도 개선방안》(국민연금발전위원회, 2003), 102, 116쪽을 재구성한 것이다.

42) 〈대통령 후보 TV 합동 토론회〉(2002년 12월 16일).

43) 국민연금관리공단, 〈노령연금 예상연금월액표〉(국민연금관리공단 홈페이지 www.nps4u.or.kr/info/index_06.html).

44) 국민연금에 비해 특수직역연금의 연금액은 상당히 높은 수준이다. 공무원연금의 경우 2005년 평균 연금액이 170만 원이다. 보통 공무원연금의 급여율이 76%여서 연금액이 높다고 알려져 있지만 이는 정확한 지적이 아니다. 공무원연금에서 보험료와 연금액을 산정하는 기준인 보수월액은 총보수의 65~70% 수준이다. 따라서 총보수 대비 급여율로 환산할 경우, 공무원연금의 급여율은 49~53%로 국민연금에 비해 높다고 말하기 어렵다. 공무원연금의 연금액이 국민연금에 비해 높은 것은 가입자의 평균 가입기간이 훨씬 길고, 연금액 산정소득이 퇴직 전 3년 평균소득이기 때문이다. 이에 대해서는 〈보론 2—공무원연금, 어떻게 개혁할 것인가〉에서 자세히 다룬다.

45) 사실 특수직역연금, 국민연금, 경로연금을 모두 한 보따리에 묶기에는 무리가 따른다. 특수직역연금은 역사가 40년을 넘는 성숙한

연금이며, 국민연금은 가입기간이 아직 짧은 불완전 연금이고, 경로연금은 저소득 노인을 위한 공적부조다. 평균 수령액에서도 2005년 기준 공무원연금은 170만 원, 국민연금은 17만 원, 경로연금은 3~5만 원으로 비교하기 힘들 정도다.

46) 보건복지부, 〈국민연금 개혁 방안 토론회 참고보고서〉(보건복지부, 2006년 3월 31일), 20쪽.

47) 석재은, 〈노후소득보장과 연금개혁 : 여성주의적 접근〉(시민사회단체 국민연금 워크숍 발표문, 2006년 7월 21일)의 내용을 재구성한 것이다.

48) 보건복지부, 〈국민연금, 2006년 상반기 중 1,695건 의결권 행사〉(2006년 7월 14일).

49) 국민연금기금 비중은 시가 기준, 그리고 수익률 및 수익금은 장부가 기준금액이다. 보건복지부, 〈국민연금기금 2005년 9.53% 수익률 기록〉(2006년 2월 15일).

50) 2006년 들어 1~5월까지 국민연금기금 수익률은 3.87%를 기록했다. 모든 언론이 일제히 국민연금기금운용에 빨간불이 켜졌다고 보도했다. 2005년에 무려 58%의 수익률을 올렸던 주식부문이 주식시장 급락으로 마이너스 수익률을 기록했고, 채권 수익률 역시 이를 상쇄해주지 못했다. 그러나 이러한 초단기 평가는 국민연금기금에 적합하지 않다. 자본시장의 수익률은 경기에 따라 변동하는 것이기에 공적연금은 중장기 투자의 관점에서 평가되어야 한다.

51) 국민연금관리공단, 〈채권종류별 보유 현황 및 보유 비중〉(2005년 9월).

52) 이와 별개로 2005~2006년 재정경제부와 국민연금관리공단 사이에 482억 원의 이자 과소지급 건을 둘러싸고 법정 공방이 있었다. 현행 국민연금법(법 제83조 및 시행령 제52조)에 따르면 국민연금기금을 공공자금관리기금에 예탁할 경우, 국민주택채권 유통수

익률과 국고채권 유통수익률 중 높은 수익률에서 재정경제부와 국민연금이 협의하여 정하도록 되어 있다. 일반적으로 국고채권 금리보다 국민주택채권 금리가 높은데, 재정경제부는 보통 후자의 금리로 이자를 지급해왔다. 그러나 1999년 9~10월과 2000년 3~12월까지 국고채권 금리가 0.01~0.55%가량 더 높게 형성되어 국고채권 금리로 이자를 지급해야 함에도 재정경제부는 종전대로 국민주택채권 금리를 적용했다. 이로 인해 국민연금에 총 482억 원의 이자를 과소지급하는 결과가 초래되었다. 어처구니없게도 국민연금관리공단은 2004년 9월에야 예탁금리 과소지급 문제를 발견하고, 재정경제부에 과소 수령액 보전을 요청했으나 거부당했다. 이에 2005년 7월 국민연금관리공단은 공공기관임에도 국가를 상대로 소송을 제기했으나 이자를 청구할 수 있는 시효가 소멸되었다는 이유로 2006년 3월 패소했다.

53) 한국경영자총협회, 〈국민연금법 개정안에 대한 경영계 의견〉(2003년 9월 4일). 한국경영자총협회 홈페이지www.kef.or.kr를 참조하라.

54) 전국농민회총연맹 · 민주노총 · 한국노총 · 참여연대 · 전국여성단체연합, 〈정부의 국민연금법 개정안에 대한 노동 · 농민 · 여성 · 시민단체 입장〉(2003년 8월 19일), 참여연대 홈페이지 www.peoplepower21.org를 참조하라.

55) 60년 재정추계 방식에 의거할 때, 국민연금 재정은 60년을 기준으로 매 5년마다 분석된다. 즉 2008년 차기 재정추계 때 2005~2065년, 2013년 차차기 재정추계 때 2010~2070년의 재정을 추계하고, 그 결과에 따라 제도가 매번 개편되는 것이다. 민주노총, 〈정부의 국민연금 개편안의 문제점과 올바른 개혁 방향〉(2003년 8월 7일). 민주노총 홈페이지www.nodong.org를 참조하라.

56) 국민연금 제도 재정분석을 담당하고 있는 국민연금연구센터 역시 "평가 기간은 인구 변수의 불확실성과 현실성 측면에서 2060년을

넘지 않는 것이 타당하다"는 의견을 피력했다〔김순옥 · 신화연, 《국민연금 재정계획 시뮬레이션》(국민연금관리공단, 2002), 145쪽)〕. 또한 재정추계를 담당했던 국민연금발전위원회 재정분석전문위원회 내부에서도 추계 기간을 60년으로 하자는 의견이 제기되었다. 사실 60년이든 70년이든 장기 재정추계가 지니는 의미를 지나치게 절대화하는 것은 위험한 일이다. 앞으로 60~70년 동안 출산율, 노인 경제활동률, 평균수명, 기금수익률, 조세부담률 등 국민연금 장기 재정에 영향을 미치는 요인들이 어떻게 변화할지는 누구도 예측할 수 없다. 이는 일제시대에 2000년대 한국사회를 예상하고 중요한 정책을 결정하는 것과 같은 논리이다. 따라서 국민연금 재정추계를 근거로 특정한 정책 방안을 고집하는 것은 합리적이지 않다. 불신이 깊은 우리나라 국민연금에 가장 필요한 것은 특정한 재정분석 모델보다는 개정 방향의 필요성을 공유할 수 있는 국민의 신뢰다.

57) 2002년 대통령 선거에서 한나라당 이회창 후보는 국민연금의 미래 재정이 위기에 처할 것이므로 '더 내고 덜 받는' 국민연금 개정이 필요하다고 역설한 반면, 민주당 노무현 후보는 연금액을 인하하면 용돈연금이 된다며 이를 비판했다. 그러나 대선 이후 양당의 입장은 정반대로 달라진다. 노무현 후보는 연금 재정이 불안정하다며 '더 내고 덜 받는' 개정안을 제출했고, 한나라당은 모든 노인에게 연금을 지급하자며 천문학적인 재정이 소요되는 기초연금제를 주장했다. 국민연금 문제를 가능한 한 조속히 해결하려는 정부 여당과 2008년 대통령 선거까지 끌고 가 집권 정당의 무능을 드러내려는 한나라당 사이에서 국민연금 개정은 발목이 묶여 있다.

58) 열린우리당도 정부 개정안이 사각지대 문제를 방치하고 있다는 비판이 제기되자 유시민 의원의 대표 발의로 효도연금안을 2004년 10월 국회에 제출했다. 이는 현재 노인에게 지급되는 경로연금

을 2배 정도 확대한 것으로, 전체 노인을 지급 대상으로 하는 공적보험 체계의 기초연금보다는 공적부조 체계의 노인복지 제도에 속하는 안이다. 민주노동당도 2005년 정책보고서를 통해 기초연금제의 윤곽을 제시했다. 자세한 내용은 다음 4절의 〈어떻게 개정하려는가—국민연금 개정안 비교 평가〉에서 다룬다.

59) 국민연금기금운용위원회의 개편 문제는 보험료와 급여 구조를 다루는 국민연금 제도 논란과 다소 독립적인 성격을 지니고 있어 이 책에서는 다루지 않는다. 이 주제에 대해 궁금한 독자는 필자의 블로그(http://blog.naver.com/mrokh) 국민연금 코너에 게재된 〈국민연금기금운용체계 개편 논란, 쟁점과 대안〉을 참고하라.

60) 이 수치는 보건복지부가 2006년 7월에 국회에 제출한 〈공적연금 지출 장기추이 비교〉에 따른 것이다.

61) 민주노동당 기초연금제 법안은 2006년 9월 국회에 제출될 예정이다. 여기에 실린 내용은 2005년에 발간된 정책보고서와 이후 만들어진 내부 자료들에 의거한 것이다. 민주노동당, 〈노후 소득보장 체계 개혁 방향〉(2005년 10월). 민주노동당안은 최종 법률 개정안 성안 과정에서 일부 수정될 수 있다.

62) 신개혁안은 국민연금 고갈로 인한 우려를 불식하기 위하여 국가의 지급 보장을 법제화하는 내용도 담고 있다. 하지만 국가가 파산하지 않는 한 공적연금 지급의 책임은 국가에 있는 것이기에 이 조항은 상징적 의미 이상을 지니지는 않는다.

63) 보건복지부, 〈국민연금 개혁방안〉(보건복지부 내부자료, 2006년 5월 27일).

64) 이 표는 보건복지부의 〈국민연금 개혁방안 토론회 참고 보고서〉(2006년 3월 31일)와 보건복지부의 〈국민연금 개혁방안〉(2006년 5월 27일), 그리고 국민연금발전위원회의 《2003 국민연금 재정계산 및 제도 개선방안》 등을 참고하여 재구성한 것이다. 여기서 급여 대상률은 '급여대상/65세 노인인구'이며, 급여율은 '지

급액/가입자 평균소득(2005년 평균소득은 159만 원)'이다.

65) 국민연금발전위원회, 〈국민연금 재정안정화 방안〉, 11쪽. 여기서 평균 가입기간은 특례, 재직자노령연금을 제외한 노령연금 수급자의 평균 가입기간으로, 국민연금 재정추계에 반영된 수치다.

66) 반면 기초연금제가 도입되면 국민연금의 명목급여율은 다소 유연하게 조정될 수 있다. 법으로 명시되는 국민연금 명목급여율은 가입기간 40년을 기준으로 한 것이어서 이를 채우지 못할 경우 실질급여율이 낮아질 수밖에 없지만 기초연금은 가입기간과 관계없이 명목급여율이 곧 실질급여율이기 때문에 기초연금의 비중이 늘어날수록 실질급여율이 강화된다. 5장에서 살펴보겠지만, 예를 들어 국민연금 60%보다는 기초/국민 50%(기초연금 15% + 국민연금 35%)의 실질급여율이 더 높다.

67) 국민연금 문제는 집권정당에게는 정권의 무능을 드러내는 아킬레스건으로 작용하고, 야당에게는 국민의 불만을 대리만족시켜줄 수 있는 정치적 공세거리가 된다. 한나라당은 꾸준히 감세를 추진하면서도 모든 노인에게 생활비를 지급하는 기초연금 도입을 주장한다. 그런데 이 기초연금의 재원이 바로 조세라는 점에서 볼 때 국민연금을 둘러싼 정치는 상식적 수준을 넘어서 있다.

68) 이 책 제3장 2절 〈국민연금 지속 가능한가〉를 참고하라.

69) 향후 국민연금의 부과방식 전환이 원천적으로 배제되는 것은 아니다. 후세대들이 기금을 소진하여 부과방식으로 전환하자고 결정하면 그때는 제도가 바뀔 것이다. 관건은 후세대들이 부과방식 전환을 요구할 만큼 세대 간에 신뢰가 형성되어야 한다는 점이다. 이 결정은 전적으로 후세대의 몫이다. 현세대에게 주어진 국민연금은 수정적립방식이고 현재 부과방식 전환을 논의할 수 있는 여건이 아니므로 국민연금은 당분간 수정적립방식으로 계속 운영될 수밖에 없다.

70) "재정계산 제도를 통해 연금재정의 장기적인 균형이 유지됩니다.

향후 기금적립금은……소진될 가능성이 있는 것으로 보고되고 있습니다……이러한 우려를 반영하여……재정안정화 방안에 대한 정부안을 수립했습니다……현행 9%의 보험료율을 2010년부터 2030년까지 5년마다 1.38%P씩 5차례 인상하여 2030년에 15.90% 수준으로 인상한 후 이 보험료율을 계속 유지할 계획입니다. 이와 같이 장기적으로 보험료율과 급여율을 적정수준으로 조정해나간다면 연금재정의 건전성은 유지될 것입니다." 국민연금관리공단, 《알기 쉬운 국민연금 : 쉽고 상세한 국민연금 가이드북》(국민연금관리공단, 2004), 19~20쪽.

71) "2008년에는 수급자가 현재의 3배인 270만 명에 달해 급여 수준을 낮추는 정책에 대한 반발은 훨씬 강해질 것이다." 보건복지부, 〈국민연금법 개정법률안 또 심의 연기〉(보건복지부, 2003년 12월 18일).

72) 이중부담론에 대해서는 김연명의 〈연금재정 안정화 개념의 재검토〉[《노후소득 보장체계 개혁에 대한 토론회》(전국농민회총연맹 외, 2006년 9월 7일)]를 참조하라.

73) 국민연금관리공단, 〈체납자 수 및 체납액 규모〉(국회 제출 자료, 2006년 7월). 여기서 사업장 국민연금은 1998년 이후의 누적 수치이며 지역 국민연금은 1995년 이후의 누적 수치다. 그리고 지역 미납자는 일부 미납자(199만 명)와 전액 미납자(150만 명)를 합한 수치이다.

74) 보건복지부, 〈국민연금 제도개선 및 기금운용위원회 상설화 방안에 관한 공청회〉(2003년 8월 19일), 19쪽.

75) 박권일, "국민연금 기금 고갈은 새빨간 거짓말", 《월간 말》(2004년 7월).

76) 현재 조건에서 국민연금을 부과방식으로 전환하는 시나리오를 찾기는 매우 힘들다. 부과방식으로 전환하기 위해서는, 가입자들이 자신을 위해 납부해둔 기금을 현행 노인에게 연금으로 지급하는

방안, 가입자에게 납부했던 보험료를 돌려주는 방안, 현행 보험료율을 동결 혹은 인하하여 기금 고갈을 유도하는 방안 등이 있을 수 있다. 하지만 첫 번째는 현행 가입자의 동의를 얻기가 힘들다는 점, 두 번째는 돌려받은 보험료가 결국 사보험시장으로 전환될 것이라는 점, 세 번째는 고갈 시점부터 보험료율이 30%대로 급상승해야 한다는 점에서 문제가 있다. 앞으로 살펴보겠지만 국민연금기금을 줄이는 방법은 현재 국민연금 단일체계를 기초연금을 포함한 이층체계로 개편하여 부과방식과 적립방식을 혼합하는 방안이 가장 효과적이며, 이 과정 역시 완만한 단계를 거쳐 진행되어야 한다.

77) 일반적으로 금융시장에서 투자의 절대적 목표는 재무적 수익률의 극대화다. 그런데 이러한 목표를 상대화하는 사회책임투자운동이 뿌리를 내리게 된 것은 21세기 자본주의 구조와 연관이 있다. 예를 들어 1984년 인도에서 가스유출 사고를 낸 유니언카바이드, 2002년 미국에서 분식회계로 파산에 이른 엔론 기업의 경우처럼 수익률을 최고 가치로 여겼던 기업들이 시장에서 실패하는 일이 발생했다. 친환경성, 윤리성 등 사회적 가치들을 무시한 기업들이 결국은 시장에서도 큰 위험에 처한다는 사실이 인지되면서 안정적 투자를 위해서는 기업의 사회적 가치도 주요한 투자기준이 되어야 한다는 공감대가 형성되었다. 이에 사회책임투자(SRI)는 고령화에 따라 안정성을 중시하는 중장기 투자 경향 증대, 연기금 규모 증대, 환경 · 평화 · 여성 등 사회운동의 성장에 힘입어 2000년대 이후 급속히 성장세를 달리고 있다. 기업의 사회적 책임이 주목되면서 현재 국제 금융시장의 핵심지수인 모건스탠리 주가지수(MSCI)를 토대로 환경친화성, 노사관계, 인권, 남녀평등 등 사회적 가치들을 고려한 다우존스 지속가능지수(DJSI)도 개발되었다. 일반적인 예상과 달리 지난 10여 년간 양 주가지수를 고려하면 DJSI가 MSCI보다 높게 나타나 중장기적으로 사회책임투자가

수익률에서도 앞선다는 사실이 보고되었다. 현재 국제적으로 사회책임투자 기준에서 기업을 평가하는 사회책임투자 평가회사들이 20여 개에 이르고, DJSI와 같은 여러 사회책임투자지수도 개발되어 있으며, 각 기업들은 재무적 회계보고서와 별개로 자신의 사회적 역할과 평가를 담은 '사회보고서'를 발간하는 단계에 도달해 있다. 이에 대해서는 오건호, 〈공적 연기금의 운용 현황과 진보적 운용 방안 모색 : 국민연금기금을 중심으로〉, 《연기금의 지배구조 개혁과 사회책임투자 방안》(금융과사회책임연구센터, 2005)을 참조하라.

78) 정해봉, 〈연기금의 사회적 책임투자 필요성〉(2004년 8월 25일)(함께하는시민행동, 지속가능사회를 위한 연속 워크숍 자료).

79) OECD 국가 수치는 OECD, *Policies for an Ageing Society : Recent Measures and Areas for Further Reform*(OECD, 2003). 윤석명 외, 《사회보험형 및 사회수당형 기초연금 도입 시 예상효과에 관한 연구》(국민연금연구원, 2004), 39쪽에서 재인용. 유럽연합 국가 수치는 Council of the European Union, "Joint report by the Commission and the Council on adequate and sustainable pensions"(Brussels, 2003)〔고령화 및 미래사회위원회, 《노후소득 보장체계의 재구성》(보건복지부, 2005), 108쪽 재구성〕에 따른 것이다.

80) 이 자료는 국민연금발전위원회의 내부 자료에 근거한 것이다.

81) 사실 GDP 대비 연금지출 규모를 추정하는 작업에는 원천적으로 한계가 있다. 국민연금발전위원회에서 제시한 수치는 각각 독립적으로 이루어진 연금지출추계와 GDP 추계를 대비하여 계산된 결과다. 연금지출에 영향을 미치는 변수는 임금상승률, 노인부양비이고, GDP를 좌우하는 변수는 경제성장률이다. 각각 다른 변수에 의해 추계된 연금지출과 GDP 전망치를 대비하여 장래 70년 후의 연금지출 비중을 계산하는 작업은 애초부터 한계를 지닌다.

82) 특수직역연금의 재정지출 규모에 대해서는 배상호 · 김상호, 《연금, 이렇게 바꾸자 : 노후 30년 부양비 50%에 지속 가능한 자조형 연금체계》(한국경제연구원, 2005), 139쪽을 참고하여 추정했다. 최근 ILO 사회보장예산 모형을 이용하여 우리나라 사회보장 관련 중장기 지출추계를 분석한 연구에 따르면, 2070년 사회보장 지출 규모가 GDP 대비 21~25%로 추정되었다. 만약 이러한 모형이 현실화된다면 전체 사회보장비 중에서 절반가량이 공적연금에 사용되는 셈이다. 윤석명 외, 《중장기 사회보장 지출추이에 입각한 국민연금 기여 및 급여수준에 관한 연구》(국민연금연구원, 2005), 113~114쪽.

83) 여기서 실질급여율은 가입기준 40년 기준 명목급여율 60%에 평균 가입기간인 21.7년을 대입한 것이다. 그리고 홑벌이가구의 기초연금은 단독가구 기초연금의 150%인 22.5%를 적용하여 계산했다.

84) 퇴직연금의 역할은 아직 검증되지 않아 잠재연금으로 간주한다는 의미에서 점선 처리했다.

85) 기초연금을 도입하면서 국민연금 가입자 중 저소득층에게 연금의 일부를 보전해주는 최저보증연금제를 추가할 수도 있다. 최저보증연금제는 국민들의 국민연금 가입을 독려하고 가입자의 소득 특성을 반영해 연금소득을 지원하는 장점을 지닌다. 단 최저보증연금제에 따른 재원을 마련하기 위해 기초연금 수준이 낮아질 수 있으며, 제도가 다소 복잡하고, 중하위 소득계층의 소득파악이 전제되어야 한다는 한계도 지닌다. 하지만 소득파악만 제대로 이루어진다면 최저보증연금제는 충분히 검토할 가치가 있다. 최저보증연금제는 스웨덴에서 도입되고 있는데, 이에 대해서는 다음을 참조하라. 고령화 및 미래사회위원회, 《노후소득 보장체계의 재구축》, 217~220쪽.

86) 여기서 괄호 안 수치는 2006년 불변가격을 기준으로 한 금액이다.

기초연금 대상자는 65세 이상 노인(특수직역연금 수급자 포함) 70%와 장애 3급 이상 장애자이며, 기초연금 급여율은 2010년에는 7%, 2020년에는 12%, 2026년 이후 15%를 적용했다. 대안모델 재정은 보건복지부가 추계한 한나라당 기초연금 급여율 20% 필요재정을 15% 급여율로 전환하고 다시 상위 30%를 제외한 수치이다. 또한 기초연금지출에서 기존 기초생활보장급여는 제외하지 않았다. 이를 감안하면 실제 기초연금 순증가분은 〈표 29〉의 수치에서 0.1~0.2%P 낮아지게 된다. 국민연금은 추계 편의를 위하여 2010년에 바로 35%, 40%에 도달하는 것으로 상정했다. 이 자료는 보건복지부의 〈공적연금 지출 장기추이 비교〉를 근거로 필자가 다시 계산한 것이다.

87) 1인당 기초연금 월 8만 원은 2005년 가입자 평균소득 159만 원의 5% 금액이다. 2006년 기초연금 필요재정 3조 원은 한나라당 기초연금 9%에 소요되는 10.7조 원에서 급여율을 5%로 낮추고 상위 30%를 지급대상에서 제외한 금액에서 다시 기초생활급여 지급분 1.2조 원을 뺀 금액이다(10.7조 원 × 5/9 × 0.7 - 1.2조 원 = 3.0조 원).

88) 보건복지부, 〈공적연금 지출 장기추이 비교〉를 근거로 계산한 수치이며, 유럽연합 자료는 Council of the European Union(2003)에 근거했다.

89) 이것은 OECD, 《국제비교자료》(2006)를 참고한 것이다. 〈표 31〉에 표기된 금액은 2005년 GDP 800조 원을 기준으로 계산했다. 2070년에는 한국의 GDP가 불변가격 기준으로 현재보다 약 3배 증가할 것으로 예상되므로 격차 금액 역시 그만큼 증가할 것이다.

90) 이 책 62쪽에 실린 〈표 11〉 국민연금 급여 산정식을 참고하라.

91) "본래 공무원 제도는 고용주인 정부가 고령의 은퇴한 공무원에게 주는 '은급gratification pay'으로 인식되어 오기도 했다. 늙고 쇠약해져서 자신의 업무를 감당하지 못하는 장기재직한 공무원들에

게 연금을 지급하는 전통은 왕정시대로 거슬러 올라가며, 이러한 전통이 지금까지 유지되는 것이 공무원에 대한 부양연금 제도이다." 김중양 · 최재식, 《공무원연금 제도》(법우사, 2004), 16~17쪽.

92) 국민연금관리공단(www.nps4u.or.kr), 공무원연금관리공단(www.gepco.or.kr), 사학연금관리공단(www.ktpf.or.kr)의 각 홈페이지와 국회예산정책처, 《2005년도 기금결산분석》(국회예산정책처, 2006) 참조.

93) 군인연금은 1960년에 발족한 공무원연금에 속해 있다가 1963년에 독립한 연금으로 가입자에게 가장 후한 제도이다. 군인연금은 1960년 이전 복무자에게 기여금 부담 없이 연금기간을 소급 적용해주었고, 가입기간을 산출할 때 전투기간을 2배로 계산한다. 이 때문에 군인연금은 일찍부터 수급자가 발생했다. 연금 수급 개시 연령도 공무원연금은 2000년, 2003년 법 개정으로 장차 60세로 상향될 예정이나, 군인연금은 기존대로 20년 기본 가입기간만 경과하면 나이와 관계없이 수급권이 발생한다. 계급정년제에 의해 강제퇴직되는 군인직역의 특수성을 감안한 것이다.

94) 공무원연금의 적자 원인에 관한 공방에서 자주 제기되는 문제 중 하나가 보험료 부담비율이다. 우리나라는 국가와 공무원이 보험료를 절반씩 부담한다. 그러나 서구의 경우 공무원 가입자의 부담비율은 우리나라와 비슷하지만 국가의 부담비율이 훨씬 높다는 것이다. 예를 들어 미국은 공무원 7%, 정부 32.8%, 일본은 공무원 9.2%, 정부 25.6%, 독일은 정부가 전액 부담하고 있다. 공무원연금관리공단, 《공무원연금의 진실》(공무원연금관리공단, 2005), 9쪽.

95) 특수직역연금은 연금액을 물가상승률에 따라 자동조정하는 방식 Indexation에서도 국민연금보다 유리하다. 공무원연금은 2000년 법 개정에서 연금액이 현직 공무원의 보수변동률에 따라 연동되던 방식을 국민연금과 동일하게 물가연동 방식으로 바꾸었다. 하

지만 보수 인상이 물가 상승에 비해 월등히 높을 경우 기존 수급자가 이후 수급자에 비해 불리해질 수 있다는 지적에 따라 2003년에 보수인상율과 물가상승률의 차이가 2%P 이상 발생할 경우 초과부분을 연금액에 반영하도록 공무원연금법이 개정되었다. 국민연금에 없는 이 조항에 대해 많은 비판을 제기하는 논문으로 김태일, 〈국민연금과의 비교를 통한 공무원연금의 형평성 분석〉, 《한국행정학보》 제38권 제6호(한국행정학회, 2004)를 참조하라.

96) 공무원연금 수급권자가 얻는 수익비가 3~5배인 데 비해, 반환일시금을 받아야 하는 미수급권자의 수익비는 1배에 불과하다.

97) 공무원연금 퇴직수당은 재직기간에 보수월액의 일정비율을 곱하여 산정된다. 재직기간이 5년 미만은 재직년수×보수월액의 10/100, 재직기간이 5~10년은 재직년수×보수월액의 35/100, 재직기간이 10~15년은 재직년수×보수월액의 45/100, 재직기간 15~20년은 재직년수×보수월액의 50/100, 재직기간 20년 이상은 재직년수×보수월액의 60%다. 예를 들어 재직기간 20년을 기준으로 비교하면, 국민연금 가입자는 월평균 임금의 20배를 퇴직금으로 받게 되지만, 공무원은 보수월액 60%의 20배를 받는다. 공무원연금 보수월액을 과세소득의 70%로 가정하면, 공무원은 민간부문 퇴직금의 42%(0.7×0.6)를 퇴직수당으로 받는 셈이다. 10년 재직 공무원의 경우 퇴직수당은 민간부문 퇴직금의 32%로 더욱 작아진다.

98) 2003년 철도구조개혁법안이 제정되어 철도청 공무원체제가 공기업인 한국철도공사 체제로 전환되자 철도노동자들이 저항했다. 철도노동자들이 저항한 주요 이유 중 하나가 연금수급권 문제였다. 당시 20년 미만 재직자의 경우 한국철도공사 노동자로 신분이 바뀌면서 공무원연금 수급권을 얻지 못하고 공무원직을 마감해야 하는 불이익이 예상되었기 때문이다. 우여곡절 끝에 이 사안은 20년을 채울 때까지 계속 공무원연금에 가입할 수 있도록 특례조항

이 마련되는 것으로 일단락되었다.

99) 공무원연금관리공단, 〈직급별 퇴직연금 수급자 현황〉(국회 제출 자료, 2006년 6월).

100) 각 연구의 분석가정은 다음과 같다. 공무원연금관리공단(2005년 입사, 20년 가입, 보수현실화율 95.5%), 최재식(2001년 입사, 30년 재직, 보수현실화율 100%), 이용하(5급 입직 후 2급 퇴직, 30년 재직), 김태일(2003년 재직자 기준, 보수현실화율 95.5%). 이용하의 분석은 고위 공무원을 모델로 하여 공무원연금의 수익비가 다소 높게, 김태일의 분석은 수급기간을 동일하게 16년으로 설정함으로써 공무원연금의 수익비가 다소 낮게 추정되었을 개연성이 크다. 다음은 표 작성에 참고한 자료다. 공무원연금관리공단, 〈공무원연금 및 국민연금 수익비 비교〉(국회 제출 자료, 2006년 6월) ; 최재식, 〈공무원연금의 현황과 쟁점〉(공무원노조 워크숍 자료, 2006년 5월 24일) ; 이용하, 〈국민연금과 공무원연금간 연계문제〉(한국사회법학회 발표자료, 2003) ; 김태일, 〈국민연금과의 비교를 통한 공무원연금의 형평성 분석〉, 《한국행정학보》 제38권 제6호.

101) 정부는 '공무원 보수현실화 5개년 계획'을 마련하여 2000~2004년에 공무원 보수를 100인 이상 민간사업장 수준으로 인상하는 정책을 추진했고, 이에 따라 공무원 보수 수준이 2000년 88.4%에서 2004년 95.9%까지 상당히 현실화되었다. 그러나 2005년 공무원 임금동결로 보수현실화율이 93.1%로 낮아졌고, 2006년에도 공무원 임금인상이 2%로 제한된 까닭에 더욱 낮아질 것으로 예상된다. 공무원 보수현실화 정책은 지난 노태우, 김영삼 정부에서도 시도되었으나 무산된 전례가 있어 심상치 않은 우려를 낳고 있다.

더·읽·어·야·할·자·료·들

국민연금발전위원회, 《2003 국민연금 재정계산 및 제도 개선방안》(국민연금발전위원회, 2003)

정부, 전문가, 가입자단체 등으로 구성된 국민연금발전위원회가 국민연금 개정을 위해 발표한 보고서로, 국민연금 재정추계와 개정방안에 대한 내용이 담겨 있다. 국민연금이 2036년부터 적자를 기록하고 2047년에 고갈된다는 전망과 향후 16~20% 수준까지 보험료율을 인상할 필요가 있다는 보고서의 결론은 국민연금법 개정 논란의 준거가 되고 있다.

박권일, 〈국민연금 기금 고갈은 새빨간 거짓말〉, 《월간 말》(2004년 7월)

국민연금 불신의 원인 중 하나로 작용하는 미래 기금 고갈론에 대한 비판 인터뷰다. 국민연금기금은 수정적립방식으로 설계되어 있어 단순한 재정추계에 따르면 미래 어느 시점에 기금이 고갈될 것으로 예상되나 5년 주기 재정 조정장치가 있어 실제로는 고갈되지 않는다는 내용이다. 이 인터뷰는 근거 없는 기금 고갈을 유포하기보다는 거대하게 증가하는 국민연금기금을 어떻게 공공적으로 운용할지에 대한 방안을 마련하는 것이 더욱 시급한 문제라고 역설한다.

보건복지부, 《 '국민연금의 비밀' 바로 알기》(보건복지부, 2004)

2004년 초여름 '국민연금 8대 비밀'이 인터넷에서 유포되어 국민적인 반향을 일으켰다. 이 8대 비밀은 국민연금이 지닌 문제점을 날카롭게 지적한 측면도 없지 않지만 지나치게 과장한 부분도 있다. 이 소책자를 통해 8대 비밀의 주장 내용을 직접 확인하고 이에 대한 보건복지부의 해명을 볼 수 있다. 이 책의 〈보론 2〉와 함께 읽으면 보다 종합적으로 접근할 수 있을 것이다.

오건호, 〈신자유주의시대 사회공공성 투쟁의 성격과 의의〉, 《산업노동연구》 제10권 제1호(2004)

근래 사회운동에서 부상하고 있는 사회공공성 의제에 대해서 정리한 글이다. 현대자본주의의 신자유주의 공세를 맞아 세계무역기구(WTO)의 세계화에 반대하고 기간산업, 교육, 의료, 농업 등을 보호하자는 의견이 있지만 그 이론적 성격에 대해서는 충분한 논의가 이루어지지 않고 있다. 이 논문은 사회공공성을 신자유주의 완전시장화에 맞서 사회적 필수서비스를 지키려는 '탈시장화 · 탈이윤화'로 규정하고, 그 정치경제학적 기초로 사회연대적 부등가교환을 제시하고 있다. 사회공공성이 추구하는 부등가원리는 사회구성원의 필수적 삶을 보장하면서 시장이 낳은 부익부 빈익빈을 해소한다는 점에서 평등지향적인 '사회연대교환'이다. 이러한 의미에서 공적연금 역시 시장연금과 달리 내부 재분배 효과를 지닌다는 점에서 대표적 사회공공적 제도로 평가될 수 있다.

이병천 외, 《자본주의 대 자본주의 : 연금개혁의 비교자본주의론》(아연출판부, 2003)

진보적 입장에서 비교자본주의 연구를 수행하고 있는 제도경제연구회가 집단작업을 통해 생산한 책이다. 현대자본주의에서 연금개혁은 모든 국가의 화두가 되고 있다. 인구 고령화가 점차 심화되고 연금 재정 문제가 커짐에 따라 연금은 단순히 사회복지 영역에 한정되지 않는 금융, 경제성장, 고용, 노사관계 의제로 확장되고 있다. 이 책은 각국의 연금 개혁이 상이한 자본주의 축적 체제와 연결되어 있다는 분석을 통해 현대자본주의를 이해하는 중요한 통로를 제공해준다.

한국보건사회연구원, 〈국민연금개혁 관련 지상토론회〉, 《보건복지포럼》 제117호(2006년 8월) ; 〈특수직역연금 관련 지상토론회〉, 《보건복지포럼》 제118호(2006년 9월)

국민연금과 특수직역연금 개혁방향을 둘러싸고 전문가, 가입자단체 대표들이 모여 토론을 벌인 내용을 정리한 글이다. 두 차례 좌담회를 보면, 국민연금에서는 기존 제도틀 안에서 급여율과 보험료율을 조정하는 모수적 개혁방안과 기초연금을 도입하여 연금체제 자체를 개혁하자는 구조적 개혁안으로, 특수직역연금에서는 특수직역연금의 독자적 성격을 존중해야 한다는 의견과 국민연금과 통일시켜야 한다는 의견으로 나뉘고 있다. 이를 통해 국민연금과 특수직역연금 개혁에서 제기되는 주요한 쟁점 및 다양한 의견들을 확인할 수 있을 것이다.

국민연금, 공공의 적인가 사회연대 임금인가

초판 1쇄 발행 2006년 9월 30일
개정 1판 1쇄 발행 2021년 10월 1일
개정 1판 3쇄 발행 2024년 7월 25일

지은이 오건호

펴낸이 김준성
펴낸곳 책세상
등록 1975년 5월 21일 제2017-000226호
주소 서울시 마포구 동교로23길 27, 3층 (03992)
전화 02-704-1251
팩스 02-719-1258
이메일 editor@chaeksesang.com
광고·제휴 문의 creator@chaeksesang.com
홈페이지 chaeksesang.com
페이스북 /chaeksesang **트위터** @chaeksesang
인스타그램 @chaeksesang **네이버포스트** bkworldpub

ISBN 979-11-5931-703-3 04080
979-11-5931-400-1 (세트)

* 잘못되거나 파손된 책은 구입하신 서점에서 교환해드립니다.
* 책값은 뒤표지에 있습니다.